## 가나다시 시집

**초판 1쇄 발행** 2025년 6월 12일

**지은이** 정혜영
**펴낸이** 장길수
**펴낸곳** 지식과감성#
**출판등록** 제2012-000081호

**교정** 주경민
**디자인** 오정은
**편집** 오정은
**검수** 이주희, 정윤솔
**마케팅** 김윤길

**주소** 서울시 금천구 벚꽃로298 대륭포스트타워6차 1212호
**전화** 070-4651-3730~4
**팩스** 070-4325-7006
**이메일** ksbookup@naver.com
**홈페이지** www.knsbookup.com

ISBN 979-11-392-2633-1(03810)
값 21,500원

- 이 책의 판권은 지은이에게 있습니다.
- 이 책 내용의 전부 또는 일부를 재사용하려면 반드시 지은이의 서면 동의를 받아야 합니다.
- 잘못된 책은 구입하신 곳에서 바꾸어 드립니다.

지식과감성#
홈페이지 바로가기

# 목차

## Part 1.
### 사랑하며 살고

| | |
|---|---|
| 5월 같은 사랑 | 8 |
| 가는 정! 오는 정! 우리 정! | 11 |
| 그대만 곁에 있으면 | 12 |
| 내 친구 | 15 |
| 또 다른 삶 | 16 |
| 라틴 댄스의 열정 속으로 | 19 |
| 마음의 꽃을 피우고 | 20 |
| 선물 같은 하루 | 23 |
| 우리 서로 | 24 |
| 우리가 만들어 가는 세상 | 27 |
| 자애로운 어머니 사랑이어라 | 28 |
| 춤추는 일상 | 31 |
| 파랑새는 우리 곁에 있다 | 32 |
| 화롯불 사랑 | 35 |
| 피어라 봄 | 36 |

## Part 2.
### 자연의 경이

| | |
|---|---|
| 7년의 기다림 | 38 |
| 가랑잎의 외출 | 41 |
| 나무의 다이어트 | 42 |
| 눈 발자국이 속삭인다 | 45 |
| 봄 춤춘다 | 46 |
| 비가 내리네 | 49 |
| 사계절과 나 | 50 |
| 산들의 유혹 | 53 |
| 상록수의 이야기 | 54 |
| 아낌없이 주는 나무 | 57 |
| 안녕? 12월 아가씨여! | 58 |
| 여름 길(Summer Way) | 61 |
| 오메! 단풍 들겠네~~~ | 62 |
| 자연여행 | 65 |
| 접시꽃에서 | 66 |
| 코스모스를 노래하라 | 69 |
| 탐스런 계절 | 70 |
| 파스텔빛 노을의 거리 | 73 |
| 푸르른 5월에는 | 74 |
| 푸른 하늘 뭉게구름 | 77 |

## Part 3.
### 인생과 철학

| | |
|---|---|
| 가감승제 인생 이야기 | 80 |
| 가는 날이 장날이어서 금 같은 시간이 남고 | 83 |
| 가브리엘 천사를 보았다 | 84 |
| 가장 아름다운 사람 | 87 |
| 나비의 꿈 | 88 |
| 노을에 피는 꽃 | 91 |
| 라여! | 92 |
| 사랑옵다 | 95 |
| 사랑의 꽃비 | 96 |
| 영혼과의 대화 | 99 |
| 웃음 띤 신발 신고 | 100 |
| 웃음과 세월 | 103 |
| 입 IN OUT | 104 |
| 지구를 내 몸처럼 생각해 봐요 | 107 |
| 추락한 것은 날개가 있다 | 108 |
| 카라멜 웃음 | 111 |
| 풀꽃 인생 | 112 |
| 행복 진행 중 | 115 |

## Part 4.
### 일상의 맛과 멋

| | |
|---|---|
| 가는 길 오는 길 사랑 길 | 119 |
| 가장 추운 날에는 뜨거운 여름날을 기억하자 | 122 |
| 나란히 나란히 | 123 |
| 내가 좋아하는 것들 | 126 |
| 누룽지 풍경 | 127 |
| 맛있는 녀석들 | 130 |
| 따뜻한 커피가 그리운 날 | 131 |
| 라임 오렌지 나무와 제제처럼 | 134 |
| 라포르테 | 135 |
| 라푼젤의 긴 머리를 뒤로하고 | 138 |
| 멍때리기 | 141 |
| 비행기도 기도하는 날 | 142 |
| 산책의 즐거움 | 145 |
| 새롭게 새롭게 | 146 |
| 아름다운 인생 | 149 |
| 어영차 길 따라 | 150 |
| 여기 어때? | 153 |
| 파 송송 계란 탁 | 154 |

## Part 5.
### 예술과 언어의 세계

| | |
|---|---:|
| 가나다로 시를 지어 보아요 | 158 |
| 가로등 불빛이 창문을 두드렸어요 | 161 |
| 가브리엘 오보에를 들으며 | 162 |
| 가지 많은 나무에 아름다운 꽃이 피네 | 165 |
| 따뜻한 달빛 소리 | 166 |
| 마음의 풍차 | 169 |
| 안녕! 자랑스런 한글 | 170 |
| 작은 노래 | 173 |
| 정다운 가요 | 174 |
| 흔들흔들 | 177 |
| 희망노래 가나다시 | 178 |
| 흰(White) | 181 |

## Part 6.
### 어제 그리고 내일의 노래

| | |
|---|---:|
| VR과 AR | 184 |
| 다정 다정 | 185 |
| 맨발의 청춘 | 188 |
| 바람 불고 비가 와도 | 189 |
| 백학 | 192 |
| 부끄러운 광복절 | 193 |
| 빼앗긴 들에도 따스한 봄은 온다! | 196 |
| 사라진 케이크 | 197 |
| 잃어버린 사과 | 200 |
| 차이 나는 레디 플레이어 원 | 201 |
| 찬란한 나의 길 | 204 |
| 추억 속의 그대 | 205 |
| 카세트테이프 속 멜로디 | 208 |
| 파란 나들이 | 209 |
| 파란꿈 | 212 |
| 프라하의 첫날밤 | 213 |
| 하늘이 처음 열리고 | 216 |

# 5월 같은 사랑

**가**르마처럼 고요히 펼쳐진 길 위로

**나**와 그대, 붉은 노을을 따라 걷네요.

**다**정한 나무는 속삭이고,

**라**고요! 긍정적인 호수는 반짝이며 노래하죠.

**마**음은 분수처럼 시원해지고,

**바**람도 사랑도 딱 지금, 5월이네요.

**사**는 게 뭐 별건가요?

**아**름다움을 바라보고,

**자**연스럽게 그 속에 스며드는 것.

**차**츰차츰 단순한 것이 더 좋아지고,

**카**라 꽃의 천년의 사랑이 느껴지는 지금.

**타**오르되 사그라지지 않는 열정,

**파**란 하늘처럼 가슴 가득 퍼지네요.

**하**루하루, 그대가 있어 고마워요. 사랑해요!

♬ 하늘 웃음 (추132) ♬

아이들의 웃음은 늘 천사의 합창보다 내면의 기쁨을
가득 안겨주는 즐거운 웃음 잔치이다.

### ♬ 삶의 모자이크 (추32) ♬

삶의 영롱한 구슬을 한 땀 한 땀 조심스럽게 꿰어 놓은 것처럼
때론 길가에 나무처럼 하나하나 빛나는 조각조각의 모음이다.

## 가는 정! 오는 정! 우리 정!

**가**는 정! 오는 정! 우리 정!
**나**랑! 너랑! 우리랑!
**다**정한 손길로 온기를 나누어요.
**라**일락 향기처럼 은은한 미소로
**마**음을 열고 서로를 안아줘요.
**바**람은 향기를 싣고 흘러가고
**사**랑은 언제나 따뜻한 곳에서
**아**름다운 풍경이 되니까요!
**자**고로 사는 건 나랑! 너랑! 우리랑!
**차**가운 세상일수록 예쁘게 아름답게
**카**네이션 같은 사랑을 피우고
**타**오르는 희망을 품으며
**파**랗게 푸르게 퍼렇게
**하**하하 호호호 **가는 정! 오는 정! 우리 정!**

## 그대만 곁에 있으면

**가**자! 어디든, 그대와 함께라면
**나**에게 이 세상 모든 길이 꽃길이니
**다**정한 눈빛 속에 햇살이 머물고
**라**벤더 춤추는 행복을 노래하네.
**마**음엔 감사의 꽃잎이 하늘처럼 쌓이고
**바**람 따라 살랑살랑 춤추고
**사**랑의 멜로디가 가슴속에 흐르면
**아**아~ 이 순간이 영원하길
**자**연이 속삭이는 고요한 숲속도
**차**오르는 별빛 가득한 바다도
**카**네이션의 고고한 그대 향기 속에서
**타**오르는 기쁨으로 세상이 반짝인다.
**파**란 하늘 같은 그대 마음 안에서
**하**하~ 아이처럼 맑게 웃는다.

## ♬ 봄날 산책 (추34) ♬

마음을 열고 봄날을 맞으러 간다.

여기저기 아름다운 생명의 소리가 어린아이 웃음처럼 반긴다.

**♬ 한 움큼 행복 (추142) ♬**

행복은 작아도 우주를 담고 행복하다고 하는

그 순간 행복이 가득하게 퍼져 있다.

## 내 친구

**가**만히 네 이름을 불러 본다.
**나**지막이 스며드는 따스한 기억들,
**다**정한 눈빛과 환한 미소가 떠오른다.
**라**일락 향기처럼 은은했던 순간들,
**마**음속 깊이 남아 날 위로해 주네.
**바**람처럼 스쳐 간 시간이지만,
**사**라지지 않는 우정이 여기에 있다.
**아**무리 먼 길을 걸어가도
**자**연스레 네가 떠오를 때가 있다.
**차**곡차곡 쌓아 온 소중한 이야기,
**카**네이션 같은 마음으로 피어난다.
**타**오르는 햇살처럼 따스했던 너,
**파**란 하늘처럼 맑았던 너,
**하**루하루 내 곁에서 늘 빛나는 내 친구야.

## 또 다른 삶

**가**는구나, 너의 또 다른 삶으로.
**나**도 그런 비슷한 시절이 있었단다.
**다**정한 바람이 너를 감싸주길
**라**테도 마시면서 인생을 즐기렴, 네 길을 걸으며
**마**음 밭이 곱게 자라나
**바**르게 잘 성장해 줘서 고맙구나.
**사**랑한다. 마음 깊이! 너를 만나 기쁘구나.
**아**름다운 빛으로 너의 시간을 채우렴.
**자**연처럼 너그럽게, 조화롭게 살아가길.
**차**가운 바람에도 따뜻한 온기를 잃지 말고
**카**드도 현금도 현명하게 활용하며
**타**오르는 열정도, 고요한 평화도
**파**랑새처럼 자유롭게, 때론 독수리처럼 강인하게
**하**루하루 네가 주인공임을 잊지 말아다오.

### ♬ 딸기사랑 (추291) ♬

달콤하고 향기로운 딸기~ 너를 만나 반가워~ 입안에 퍼지는 맛있는 소리~

눈 감으면 탱글탱글~ 눈 뜨면 입가에 침이 가득 고인 딸기 사랑~

### ♬ 축제를 그리다 (추5) ♬

축제는 늘 음악이 가득한 거리에서

하늘을 향해 올라가는 분수처럼 밝은 기운이 가득하다.

## 라틴 댄스의 열정 속으로

**가**는 길의 끝에 서서
**나**는 그대를 만나 행운이라고 생각해요.
**다**정한 느티나무처럼 다가와
**라**틴 댄스 같은 열정의 날들을 펼쳐 주었죠.
**마**음은 기다란 강을 지나
**바**다가 보이는 언덕에 서 있네요.
**사**이사이 스쳐 가는 지난 일들이
**아**쉬움도 잊은 채 사라진 것은 지금이 소중한 까닭이죠.
**자**고 나면 또 이런 행복이 있을까?
**차**오르는 감사의 마음을 어떻게 표현할까?
**카**나리아처럼 꽃노래를 부를까?
**타**인인 듯 내 자신이 되어버린 그대
**파**란 날개를 일으키는 아침처럼
**하**루하루 나를 일으키고 있네요.

## 마음의 꽃을 피우고

**가**는 인생길에 그대를 만나 새로운 세상을 보고, 따스한 바람을 맞이해요.
**나**무 그늘 같은 그대의 품에 기대니 고단했던 날들이 하나둘 씻겨 내려가요.
**다**정한 말 한마디가 희망이 되고,
**라**일락 향기처럼 은은한 기쁨이 번져가요.
**마**음속엔 어느새 꽃잎이 내려앉고,
**바**다처럼 넓고 깊은 사랑이 출렁이네요.
**사**뿐사뿐 걸어가는 이 길 위에서 바람은 속삭이고, 시간은 미소 짓고 있어요.
**아**름다운 황금빛 저녁노을처럼 자연스럽게 서로에게 물들어 가요.
**자**석처럼 끌리는 인연 속에서
**차**곡차곡 따뜻한 순간들을 쌓아가요.
**카**라멜처럼 부드럽고 달콤하게,
**타**오르는 촛불처럼 한결같이,
**파**란 들판을 함께 걸으며
**하**루하루 인생길을 아름답게 수놓아요.

### ♫ 꽃화산 (추177) ♫

꽃들이 모여 사는 동네에는 너도 나도 꽃이 되어 화사해지고

웃음이 화산처럼 터지고 잔잔한 음악이 향기롭게 번진다.

♬ **왕관 (추31)** ♬

화려하고 멋진 비상이

넝쿨 되어 하늘을 향한다.

## 선물 같은 하루

**가**는 인생길, 하루와 같은 순간들이 이어지고,
**나**에게 꼭 맞는 선물을 고르는 마음으로 아침을 맞이하네.
**다**정한 그대에게 오늘이 최고인 듯 다가가고,
**라**라라, 흥겨운 노래를 마음 깊이 들여놓네.
**마**음 한편에 꽃향기를 심으니,
**바**다가 시원하게 빛나고, 사랑이 살랑살랑 춤춘다.
**사**뿐히 걸어가는 시간 속에서,
**아**기가 일어서듯 자꾸자꾸 도전하며,
**자**신만의 빛으로 차이를 만들며 나아가네.
**차**가운 바람 속에서도 빛나는 하루를 위해,
**카**메오가 아닌 주인공으로 내 삶을 운전하고,
**타**오르는 태양처럼 새벽부터 어둠까지 감사하며,
**파**릇한 희망을 가득 안고,
**하**루하루를 소중한 선물처럼 펼쳐 나간다.

## 우리 서로

**가**만가만 걸어요, 두 손을 맞잡고
**나**란히 나란히 같은 길을 걸어요.
**다**정한 눈빛에 마음을 담으며
**라**라라 즐겁게 노래를 불러요.
**마**음과 마음이 하나 되어
**바**람결 따라 살랑살랑 퍼지는 웃음
**사**뿐사뿐 발걸음에 사랑이 피어나고
**아**름다운 순간들이 우리를 감싸네.
**자**연이 선물한 따스한 햇살 아래
**차**가운 날씨에도 온기로 가득 차고
**카**니발처럼 화려한 축제도 좋지만
**타**박타박 걷는 이 길이 더욱 소중해요.
**파**르스름한 저녁노을이 깔리면
**하**루의 끝자락에서 우리 서로 더욱 깊이 안아보아요.

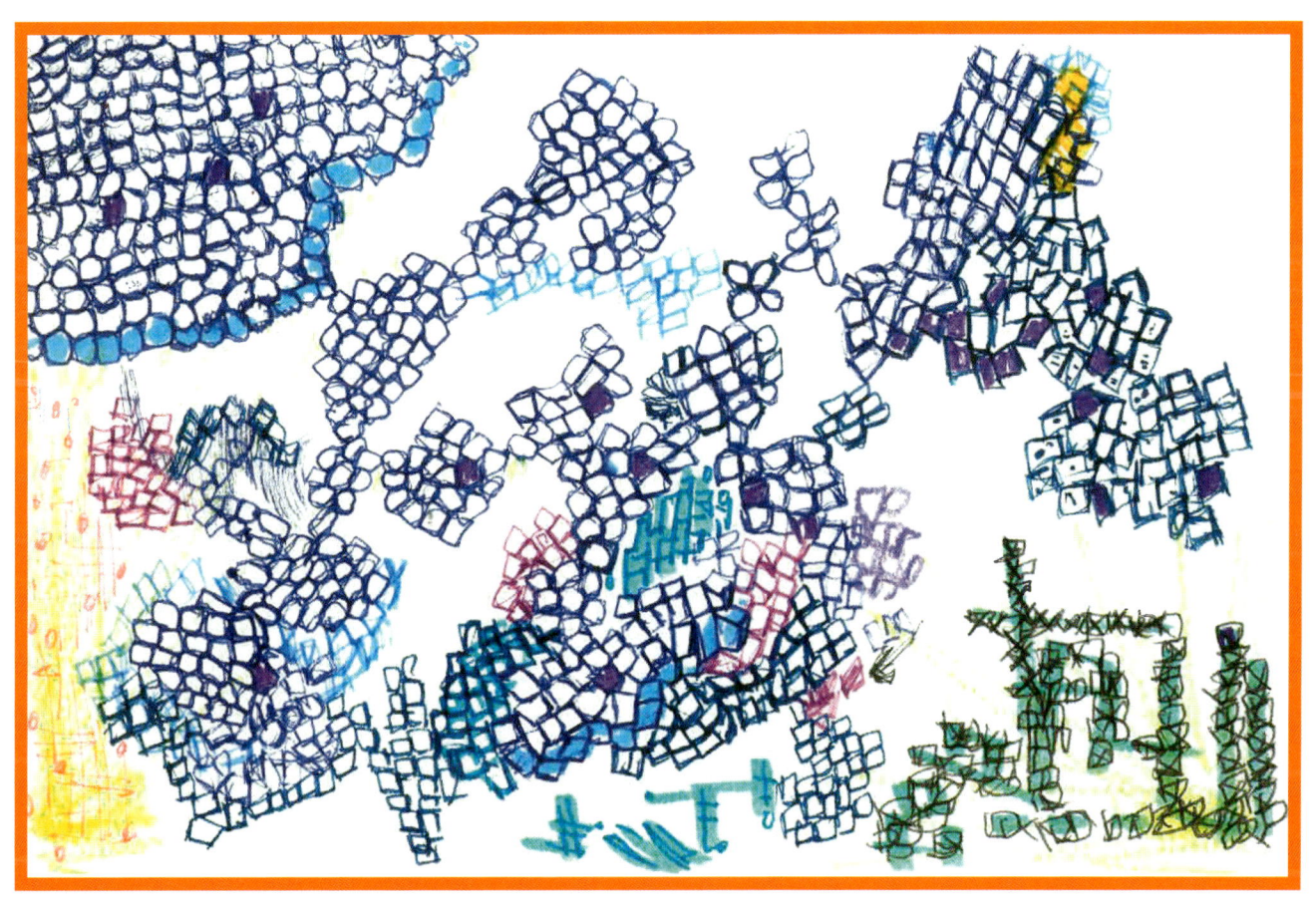

### ♬ 같이 또 다른 (추205) ♬
우리 서로 다른 듯 우리 서로 같은 듯
우리 서로 어깨 되어 걷고 있네.

♬ 꽃 마중 (추83) ♬

꽃을 마중하러 집 밖을 찾아 웃는 얼굴로 바라보니

집 안에 꽃들이 활짝 피어 반긴다.

## 우리가 만들어 가는 세상

**가**는 세월 속에 머물 수 없는 삶이지만
**나**와 너, 함께 걸으며 길을 만들어 가네.
**다**정한 손길을 나누고 마음을 맞추며
**라**라라 웃음꽃 피우는 행복한 하루
**마**음속 행복은 샘물 같은 긍정에서 오고
**바**람결 따라 자연 속에 몸을 맡기며
**사**람들 속에서 따뜻한 정을 나누고
**아**름다운 순간들이 우리 삶의 선물이 되리라.
**자**기 스스로 만족이 가장 큰 선물
**차**곡차곡 쌓인 추억을 되새기며
**카**메라 없이도 마음에 새겨 보네.
**타**오르는 열정을 가슴 깊이 품고
**파**도처럼 밀려오는 감정을 사랑하자.
**하**늘을 바라보며 자유를 꿈꾸고 가슴 벅찬 희망을 노래하며 함께 살아가자.
　　오늘도, 내일도, 우리가 만들어 가는 세상에서.

## 자애로운 어머니 사랑이어라
### - 봉사를 하는 분들께 바칩니다 -

**가**장 아름다운 눈은 당신의 눈이죠.
**나**이와 상관없이
**다**양한 선행을 실천하며
**라**마스떼 인사로 따스함을 전하는 당신이어서
**마**음의 창인 눈이 그렇게 아름다운가 봐요.
**바**람이 거칠어지고 비와 눈이
**사**랑의 길을 막아도
**아**름다운 당신은
**자**애로운 어머니 같네요.
**차**이 나는 세상이 차별로 들끓어도
**카**오스 속에서도 흔들림 없이
**타**오르는 아침 해의 웅장한 힘처럼
**파**릇파릇 피어나는 강한 생명력처럼
**하**냥 한결같이 당신은 가장 아름다운 사람이에요.

### ♬ 꽃다발 (추135) ♬
꽃다발 그 자체만으로도 미소를 짓게 한다.

어느 누가 거기에 값을 매기고 어느 누가 쓸데없는 짓이라고 하겠는가?

### ♪ 나비 춤춘다 (추279) ♪

나비 춤추고 새가 노래하면 나는 무엇을 할까?

나비 애교 부리고 새가 사랑하면 나는 무엇을 할까?

## 춤추는 일상

**가**고 오는 사랑의 거리에서
**나**와 너 만날 땐
**다**크 & 화이트
**라**뗌 면 같은 붉게 핀 함박웃음
**마**음 깊이 피어난다.
**바**닐라 향 포근한 바닐라 라테
**사**랑 담은 딸기 스무디에
**아**기자기한 이야기꽃 피우며
**자**그마한 일상들이 춤춘다.
**차**가운 거리를 따뜻하게 바라보던
**카**페의 시간이 쌓여질 때
**타**올랐던 열정들이 녹아들고
**파**릇한 눈 매무새 잠겨갈 때
**하**루를 접어서 내일로 보내본다.

## 파랑새는 우리 곁에 있다

**가**족의 소중함을 잊지 말아요.

**나**의 뿌리와 가지를 잘 보살펴 줘요.

**다**정하고 잘해주는 것이 당연한 것은 아니죠.

**라**~ 라~ 라~ 손잡고 즐거울 때에도

**마**음을 나누고 서로 의지하는 강력한 삶의 진행형이죠.

**바**람이 불고 힘들어도 감사하며 살다 보면

**사**람 사는 인생의 멋을 알게 되겠죠.

**아**이에서 어른까지, 피를 나눈 것에서 정을 나눈 것까지

**자**연스럽게 따뜻한 포옹과 감사함을 잊지 말아요.

**차**를 타는 것에서 걸어서 만나는 것까지

**카**니발을 준비하는 것처럼

**타**타타! 경쾌하게! 때론 진중하게 살아가면

**파**랑새는 어느덧 우리 곁에 있을 거예요.

**하**하하 가족의 소중함을 잊지 말아요!

### ♬ 파란 바람 (추267) ♬

가슴을 시원하게 펄럭이는 깃발 위에 걸터앉는 새가 된다.

춤추듯 살랑살랑 5월은 푸른 바람을 가득 안고 찾아오는 방랑자.

### ♬ 사랑의 질주 (추100) ♬

사랑은 온 세상의 꿈을 가득 안고 어린아이의 웃음처럼
활짝 오른 분수처럼 어디에서 오고 어디로 가는지 모른다.

# 화롯불 사랑

**가**장 사랑스런 사람은 바로 당신이에요.

**나** 자신만큼 자기를 사랑할 사람이 이 세상엔 없어요.

**다**른 사람이 나를 비난한다 해도 나는 가장 소중하니까요.

**라**라라 흥겨운 음악에 자신을 맡겨 봐요.

**마**음속까지 즐거움으로 분홍빛 신을 신고 날아다닐 거예요.

**바**라는 것도 조심스레 꺼내서 자신 있게 만들고 행복감으로 촘촘히 누벼 봐요.

**사**랑하는 사람만이 진정한 사랑을 받을 수 있어요.

**아**름다운 시절은 사랑에서 시작하고 사랑에서 꽃을 피우는 거예요.

**자**기에게 충실한 사람들끼리 만나는 그런 날에 우리들은 따뜻한 마키아토 커피를 마시며 깔깔거려요.

**차**가운 계절에는 더욱 사랑이 아주 그리울 거예요.

**카**니발이 시작되면 우리들은 축제의 주인공이 되어서 손잡고 아름다움을 노래하고 눈빛으로 사랑을 담아 춤을 출 것입니다.

**타**인의 계절인 겨울이 와도 우린 화롯불처럼 은은한 그리움을 담아서 노을빛 사랑을 그릴 거예요.

**파**라다이스는 우리 속에 있고 우리에게 머물 것입니다.

**하**늘거리는 바람을 느끼며 오늘도 우리 사랑하는 사람들끼리 만나요.

# 피어라 봄

**가**슴 졸이며 버텼던 시간이 이제는 지나고

**나**와 그대 마음에 희망의 향유를 퍼뜨리자.

**다**시 뛰는 열정으로, 거리마다 웃음꽃이 피어나길.

**라**일락 향기 가까이에서 작은 여유 하나를 누려보자.

**마**주하는 눈길마다

**바**람처럼 스치는 인사에도 미소가 머물고

**사**랑하는 마음은 봄처럼 쑥쑥 자라나기를.

**아**침부터 밤까지 얼어붙은 마음에 따스한 응원의 불씨를 지피자.

**자**랑스러운 대한의 사람들아,

**차**가운 대지 위에 지켜낸 그 용기를 기억하자.

**카**트 가득 꿈과 일상을 담아 조용히 평범한 하루로 돌아가자.

**타**들어갔던 마음의 주름도 펴고

**파**란 하늘 열어 새싹처럼 피어나는 봄을 보자.

**하**늘하늘 춤추듯, 기쁨의 봄이여~~ 영원하여라.

# Part 2.
## 자연의 경이

## 7년의 기다림

**가**야 정원에서 붉은 칠면초를 보았네!
**나**와 이쁜이 내외, 빛과 그림자의 안내를 따라
**다**정한 신혼부부를 축복하듯
**라**우~~ 사투리 같은 구수한 가을 구름의 무희와 갯벌 위의 붉은 칠면초
**마**음은 흔들흔들
**바**닥은 기어다니는 칠게와 짱뚱어의 신나는 나들이
**사**랑으로 모두 내어준 어머니 갯벌이 주는 무한 감동
**아**~~ 칠 년 만에 보물 찾듯 만났네!
**자**연스럽게 온몸은
**차**오르는 환희로 흥얼흥얼
**카**리브의 노을처럼
**타**오르는 여름 태양을 품어내어 주는 닮은 사랑아!
**파**란 하늘 꽃구름 아래 붉은 속삭임이여!
**하**루 또 언제나 마음은 붉게 웃음 짓네!

### ♬ 순천만국가정원 (추28) ♬

순천에 살면 순천만국가정원이 나의 정원이 되고, 그대의 정원이 된다.

따로 가꾸지 않아도 어여쁜 손길로 가꿔주는 아름다운 손길이

숨어 있는 순천만국가정원에 나무가 되고 꽃 되어 쉬어본다.

### ♬ 빨간 클로버 (추272) ♬

세잎 클로버는 행복이라는 꽃말이 있고 네잎 클로버는 행운이라는 꽃말이 있듯이

빨간 클로버는 사랑이 꽃말을 지어줄 거야. 어디 있니? 빨간 클로버야!!!

## 가랑잎의 외출

**가**랑잎 하나둘 떨어뜨리고
**나**락 들판 나뭇잎 숲도
**다**양한 욕구들을 비워낸다.
**라**라랜드 주인공처럼 흥겹게, 때론 끙끙 힘들게
**마**음먹기에 따라 다른걸.
**바**닥에 뒹굴어도 하늘처럼 하늘하늘
**사**는 게 즐거운 거야.
**아**이에서 어른까지 긍정의 돛을 달면
**자**기만의 행복성의 주인이 되는 거야.
**차**오는 달은 손톱달로 기울고
**카**의 영혼은 빙글빙글
**타**는 열정도 사뿐사뿐
**파**지에서 새로운 길을 찾아 나서듯
**하**늘하늘 울긋불긋 외출한다.

# 나무의 다이어트

**가**을이 오면 나무는 옷을 갈아입고
**나**뭇잎 물들여 황금빛을 펼쳐내네.
**다**정한 바람결 따라 춤추듯 흩날리며
**라**일라라 노래하듯 계절의 끝을 장식하지.
**마**지막 잎새도 이별을 속삭이듯
**바**람에 실려 살며시 안녕을 전하네.
**사**라지는 찬란함도 추억이 되고
**아**름다운 기다림 속에 쉼을 배운다.
**자**연은 언제나 변화를 준비하며
**차**가운 겨울 품고 새 봄을 꿈꾸네.
**카**락카락 눈이 내려 하얗게 덮이면
**타**는 듯 붉던 잎들도 조용히 잠든다.
**파**르라니 마른 가지 남은 나무는
**하**늘을 바라보며 봄을 기다린다.

♬ 가을을 읽다 (추319-17-6) ♬

가을은 그 어디에도 있다. 가을은 그 어디에도 없다.

그대의 가슴에 희망과 사랑이 있고 관심과 애정이 얼마만큼의 저울질에 의해

가을이 그 어디에 있고 없다.

♬ 밝은 창살 아래에서 (추200) ♬

추운 겨울에는 밝은 창살의 따뜻함이 어머니의 젖가슴처럼 그립다.

## 눈 발자국이 속삭인다

**가**슴에 눈 발자국이 속삭인다.
**나** 혼자 걸어가는 길에
**다**정한 그대의 발자국이 더해지고
**라**푼젤의 긴 머리털 같은 눈길에
**마**음의 꽃이 피어난다.
**바**람이 숨죽이면 좋겠다.
**사**라져 가는 발자국이 부끄럽지 않게
**아**늑히 차곡차곡 정이 쌓이고
**자**연으로 돌아가는 마음이 손잡고
**차**가운 눈꽃이 따스하게 안기네.
**카**네이션처럼 붉은 마음에
**타**는 가로등이 눈이 부셔라.
**파**란 하늘이 그 언제였나?
**하**얀 세계 별천지여라.

# 봄 춤춘다

**가**만가만 속삭인다.
**나**무에도 꽃들에도
**다**정다정 말 건네네.
**라**일라라 봄 내린다.
**마**음마음 꿈을 안고.
**바**다에도 나에게도
**사**막사막 꽃이 피네.
**아**늑아늑 풀 내음도
**자**장자장 잠을 자던
**차**가운 땅 깨워주네.
**카**랑카랑 소담소담
**타**는 듯한 목마름에
**파**릇파릇 새싹 트고
**하**늘하늘 꽃이 핀다.

### ♬ 봄이 오는 길목 (추26) ♬

봄이 오는 길에는 보이지 않는 먼 옛날부터
어영차 어영차 이곳저곳에서 울긋불긋 웃음꽃 속삭인다.

### ♬ 보석 같은 빗줄기 (추288) ♬

너처럼 아름다운 춤을 출 수 있을까?

잡히지 않는 애타는 심정을 너는 알까? 눈만 초롱초롱 닮아간다.

## 비가 내리네

**가**랑비가 내리네.
**나**를 일으켜 주는 봄비에
**다**정한 연인이 되어가네.
**라**라라 라라라
**마**음을 활짝 열고 그대를 맞으리.
**바**람은 잔잔하고
**사**랑스러운 비가 내리네.
**아**아~~ 이 비 그치면
**자**연의 순리대로
**차**츰차츰 잎은 무성하고 꽃은 더 아름다우리.
**카**악거리며 삐걱한 세상 잠재우듯
**타**닥타닥 소곤소곤 비가 내리네.
**파**릇한 기운이 나를 어루만지니
**하**루 이 빗속에 머물러 있으리.

## 사계절과 나

**가**까운 여름에게
**나**를 정중하게 부탁해요.
**다**가올 가을에게도 말이에요.
**라**다키 댄스하듯 사계절이 있어서 너무 좋아요.
**마**음에 들고 안 들고를 따지고 싶진 않아요.
**바**라는 것은 계절에 맞게 살고 싶어요.
**사**람들이 더우면 덥다고 추우면 춥다고 해도 말이죠.
**아**름답게 이어가는 거예요.
**자**연에 순응하면서 말이죠.
**차**가운 겨울도 더운 여름도 다 좋아요.
**카**카카 새들이 지저귀는 하늘 높은 가을이 오네요.
**타**들어 가는 가뭄도 비 오는 장마여도
**파**란 하늘이어도
**하**늘이 어떻게 되든 나는 오늘도 길을 걸어가니까요!

### ♬ 사계를 품다 (추102) ♬

사계는 늘 앞서서 다가오고, 언제인지 모르게 깊게 패인 주름처럼

우리들의 일상에 가득 찬 수국으로 한아름 되어 안긴다.

**♫ 산과 바다 (추16) ♫**

산이 있어
마음이 인자해지고
바다가 있어
지혜로워진다.
산이 있어
넉넉한 어머니 같아지고
바다가 있어
미래를 향해 뻗어간다.

## 산들의 유혹

**가**야 할 산들이 나를 부른다.
**나**른해질 때 기운을 주는 월출산,
**다**른 지혜를 품고 끝없이 펼쳐진 지리산.
**라**이딩 인생이라 가깝게 오가는 뒷동산,
**마**주 본 이에게 미소를 전하는 마이산,
**바**다처럼 깊고 화려한 설악산,
**사**랑을 속삭이는 연인의 산, 내장산,
**아**름다운 가을빛 더욱 짙어지는 추월산,
**자**꾸만 찾게 되는 정다운 한라산,
**차**와 사람이 늘 가득해도 발길 닿는 선운산,
**카**약 타고 노닐기 좋은 활옥동굴 별천지,
**타**고, 걷고, 이야기가 노래 되는 산길,
**파**라다이스는 그곳에도 있었다.
**하**여, 나는 오늘도 산으로 간다.

## 상록수의 이야기

**가**을빛이 온 세상을 물들여도
**나**는 여전히 녹색의 숨결로 머물 거야.
**다** 변해버린다 해도, 난 1에서 100까지 변함없는 푸르름으로 서 있을래.
**라**인을 따라 노래하듯 따라가지 않아도
**마**음 깊이 뿌리내린 초록으로
**바**라는 것은 더 단단한 내 안의 충실함.
**사**라짐과 태어남이 없는 것처럼
**아**득한 시간 속에서도 흐려지지 않을 거야.
**자**연의 흐름 속에서도 나를 잊지 않을 거야.
**차**갑고 뜨거운 계절이 스쳐가도
**카**인의 계절이 온다 해도
**타**오르는 열정만큼은 그대로,
**파**릇파릇 상록수로 계절을 맞이하며
**하**회탈처럼 자유로운 마음으로 살아갈래.

### ♬ 초록 울타리 (추292) ♬

여름이 무성한 날에는 초록옷을 입고 거리를 누빈다.

하루하루 뜨거운 태양 아래 무성한 초록의 거대한 성장이 눈부시다.

### ♬ 아침꽃 (추3) ♬

향기로운 꽃을 보려면 아침에 열리는 마음으로
다가가면 활짝 웃고 행복한 미소를 짓는다.

## 아낌없이 주는 나무

**가**득한 기쁨을 주는 나무에게
**나**도 그대처럼 기쁨이고 싶어요.
**다**정한 듯 무심한 듯
**라**인을 맞추듯 질서 있는 우주의 깊은 울림으로
**마**음은 춤추는 나비가 되네요.
**바**람결도 햇볕도
**사**이좋게 안겨주는
**아**름답고 고마운 그대여!
**자**고 일어나면 새롭게 볼 수 있어
**차**분히 날마다 느껴요.
**카**라멜처럼 달콤하고 부드럽게
**타**타타 신나고 즐겁게
**파**릇파릇 젊고 싱싱하게
**하**루하루 안아주는 그대 있어 고마워요.

## 안녕? 12월 아가씨여!

**가**만히 서서 바라본다,
**나**도 모르게 한 장 남은 달력을.
**다**가가 살며시 손을 얹으니
**라**일락 향기 피어오르고,
**마**음속엔 봄날이 스며드네.
**바**람처럼 흘러왔던 계절,
**사**랑처럼 머물다 간 시간들.
**아**쉬움은 저 멀리 두고,
**자**연스레 희망을 그려 본다.
**차**오르는 감정 사이로,
**카**니발처럼 빛나던 순간들.
**타**오르는 불빛 속에 서서,
**파**랗고 붉은 무지갯빛 아가씨를 바라보네.
**하**냥 하냥, 그리운 12월, 아쉽고도 고마운 나의 아가씨여!

### ♬ 소녀의 정원 (추130) ♬

소녀의 정원은 늘 꽃들에게 인사하는 마음과
꽃들에게서 오는 향기로운 세상에 놓여 있다.

**♫ 여름나무 아래 (추297) ♫**

여름에는 바다를 바라보고 야자나무를 벗 삼아 해먹에 누워본다.

파도가 쏴 오가는 풍경에 파라다이스가 펼쳐진다.

# 여름 길(Summer Way)

**가**는 길 위에서
**나**는 헤매듯 걷는다.
**다**급하고 초조할 땐
**라**벤더 향기조차 놓쳐버리고, 사랑은 숨어버린다.
**마**음 깊은 곳을 따라 걸을 땐,
**바**다 물결처럼 웃음이 일렁인다.
**사**잇길은 외롭지만 자유로운 길,
**아**이처럼 신나게 뛰어보기도 하고,
**자**연스럽게 돈키호테처럼 살아 숨 쉰다.
**차**가운 듯, 시원한 거리를 꿈꾸며,
**카**스피해처럼 넓고 푸른 호수를 안아보고,
**타**닥타닥 익어가는 열매의 향기를 느낀다.
**파**란 하늘, 춤추는 날들이여 오라,
**하**하하 웃으며 출렁이듯, 여름을 오늘도 걷는다.

## 오메! 단풍 들겠네~~~

**가**을은 온 세상에 "오메! 단풍 들겠네~~~"
**나**긋한 갈대는 은빛 여우처럼 숨죽이며
**다**알리아, 꽃무릇, 국화꽃이 산천을 수놓은 듯 화려하네.
**라**스베이거스 밤 풍경보다 더 찬란하게,
**마**스카렌 앵무새처럼 아름다운 소리가 퍼지고,
**바**야흐로 울긋불긋한 산과 들에서는
**사**르르 얼음이 내릴 때까지,
**아**주 작은 잎들이 큰 나무로 거리를 가득 채우며
**자**연의 웅장한 교향곡이 울려 퍼지네.
**차**가운 겨울을 맞이하는 마지막 공연 같아.
**카**멜레온처럼 현란하게 변하는 모습, 내 마음에 무지개를 달고,
**타**닥타닥 익어가는 열매의 경쾌한 소리.
**파**란 하늘에 높이 띄워 올리니,
**하**루처럼 짧고 고귀한 가을을 온몸으로 품어야겠다.

### ♬ 넝쿨 세상 (추289) ♬

혼자서는 살 수 없나 봐! 이리저리 같이 뒹굴고 엉킨다.

같이 있어 아름다운 세상, 세상이 밝게 보이는 하루.

### ♬ 화려한 외출 (추300) ♬

하늘의 해를 데리고 나타난 어여쁜 마음은 포옹을 하고,

주름살 환하게 펼치는 화려한 외출이다.

## 자연여행

**가**끔은 일탈을 꿈꾸듯 열린 눈으로 길을 나서자.
**나**를 성장시키는 그 길에는
**다**정한 듯 무심한 자연이 가까이 있다.
**라**푼젤의 머리처럼 길게 늘어선 나무들과
**마**음의 동화를 펼치는
**바**람과 새들의 노랫소리가 있다.
**사**이사이 풀벌레와 풀꽃이 조화롭고
**아**늑히 깊은 호흡을 가진
**자**연히 주는 무한 베풂이 있다.
**차**가운 듯 따스한 풍요를 손짓하고
**카**누를 띄우는 여유로
**타**는 듯한 목마름에 시원한 물줄기를 뿌린다.
**파**란 하늘 아래 가득 찬 자연 속으로
**하**늘거리며 나는 잠자리가 되어본다.

## 접시꽃에서

**가**녀린 듯하지만 굳센 날개를 펼치고,
**나**를 두고 떠난 임을 애타게 기다리네.
**다**소곳이 고개 숙인 인내 속에서도,
**라**라라, 환한 햇살을 품으며 미소 짓네.
**마**음을 다해 전진! 다시 전진!
**바**라는 것은 태양을 향한 뜨거운 질주.
**사**이사이 바람과 속삭이며 친구가 되고,
**아**래로 아래로 뿌리를 깊게 내려 호흡하네.
**자**연스레 스며든 그리움, "자야" 부르며,
**차**가운 겨울에도 사랑을 품고 살아가네.
**카**랑카랑 햇빛이 쏟아지는 하늘 아래,
**타**오르는 열정이 가슴속에 피어나고,
**파**릇파릇 새싹의 날개가 하늘을 향해 열리니,
**하**늘하늘 봉긋한 꽃잎에 웃음꽃이 피어나네.

♬ 꽃밭에서 (추76) ♬

꽃밭에서 꽃들이 나비 되어 춤춘다.

♬ 향기로운 세상 (추307) ♬

꽃이 아름답게 피어나서 향기로워지기를….

## 코스모스를 노래하라

**가**을이 오누나? 가을이 오는구나!

**나**른한 여름 배는 지친 몸을 쉬려 뭍에 다가오며 그대를 기다리네.

**다**소곳한 그대는 늘 풍성함과 아쉬움으로 미소를 띠며 다가오나니,

**라**일락 향기보다 더 진한 국화 향기로 산허리를 또 감싸겠지.

**마**을마다 다홍색, 진한 노란색의 가을이 익어가는 소리에 흐뭇한 미소를 엮고,

**바**다에도 꽃게가 풍년 들어 감탄의 눈과 손으로 배를 두들기며 마주하는 즐거운 날에 흥겨워하네.

**사**람과 사람 사이에 사랑이 떨어지는 낙엽처럼 흐르고 쌓여, 아름다움에 떨리나니.

**아**름다운 그대여! 아름다운 그대여!

**자**스민 향기를 은은하게 간직한 채,

**차**도르에 가려진 여인의 신비처럼,

**카**니발의 멋진 정열의 주인공처럼,

**타**고난 부지런함의 개척자처럼,

**파**란 하늘, 넓은 대지에 파라다이스를 보여주겠지.

**하**늘하늘 코스모스가 가을 소녀로 미소 짓겠지.

## 탐스런 계절

**가**을을 마음껏 느끼는 여정 속에 있네요.
**나**뭇잎처럼 날리는 거리를, 나비처럼 사뿐히 거닐고,
**다**양한 가을들이,
**라**푼젤의 머리처럼 길게 펼쳐진 시장 안을
**마**음 풍족하게 느끼며 가슴 활짝 열었어요.
**바**다와 산, 들판이 그곳에 있었죠.
**사**람들로 가득한 그 거리를 오가면서,
**아**름답고 조용한 추억을 그렸어요.
**자**연스럽게 고맙고, 행복하다는 언어가 쏟아졌고,
**차**가운 겨울을 부르는 비가 내렸지만,
**카**메라에 담지 못하는 사랑은 더 커져만 가겠죠.
**타**닥타닥 익은 벼들이 남긴 사일리지,
**파**릇파릇 자라며 풍성한 내년을 약속하듯,
**하**루하루 아름다운 추억이 희망 되어 노래하고 있어요.

### ♬ 들판에 서서 (추173) ♬

들판에 서서 들판의 나무와 들판의 꽃들과 사람을 본다.

어느 순간에는 들판은 사라지고 내 마음을 가지런하게 들판으로 물들인다.

### ♬ 노을이 지는 석양가 (추122) ♬

노을이 지면 따스한 화롯불처럼

마음이 온화해지고 사랑이 파스텔 그리움으로 물들인다.

## 파스텔빛 노을의 거리

**가**자! 설렘이 피어나는 거리로
**나**란히 걸으며 꿈을 속삭이던 그곳으로
**다**정한 미소가 꽃처럼 피어나던 길 위로
**라**즈베리 향기처럼 기억에 스며든 순간들
**마**주한 눈빛 속에 따스함이 가득하고
**바**람에 실려 온 호두과자 향이 달콤하네.
**사**랑이 노래처럼 흐르는 거리에서
**아**름다운 추억 한 조각 새겨 넣는다.
**자**연스레 손끝이 닿던 그 순간처럼
**차**가운 아이스크림도 함께 나눠 먹고
**카**페 한쪽, 향기로운 커피잔을 마주하며
**타**닥타닥 발걸음마다 행복이 묻어나던 곳
**파**스텔빛 노을이 우리의 길을 물들이고 하늘마저 우리 사랑을 축복해 주네.
**하**루 끝, 다시 그 거리에서 만나자. 힘껏 웃으며, 사랑의 거리로!

## 푸르른 5월에는

**가**로등이 나비 되어 춤춘다.
**나**목들이 풍성한 녹색 머릿결로 화장하고,
**다**양한 사람들이 공원에서는
**라**이벌처럼 서로 기지개를 켜는 몸 운동을 하고
**마**음이 가벼워지는 음유시인 되어 간다.
**바**람결도 비단처럼 사르르
**사**이좋은 연인처럼 속삭이고
**아**이들 경쾌한 소리가 어여쁘다.
**자**연스럽게 각자의 삶을 추스르고
**차**분해지고 평화로운 날
**카**모마일 차를 마시는
**타**닥타닥 힘든 영혼이 치유되는 저녁 뜰아래
**파**파파 힘찬 음악 분수처럼
**하**루 피로는 사라지고 나비 되어 춤춘다.

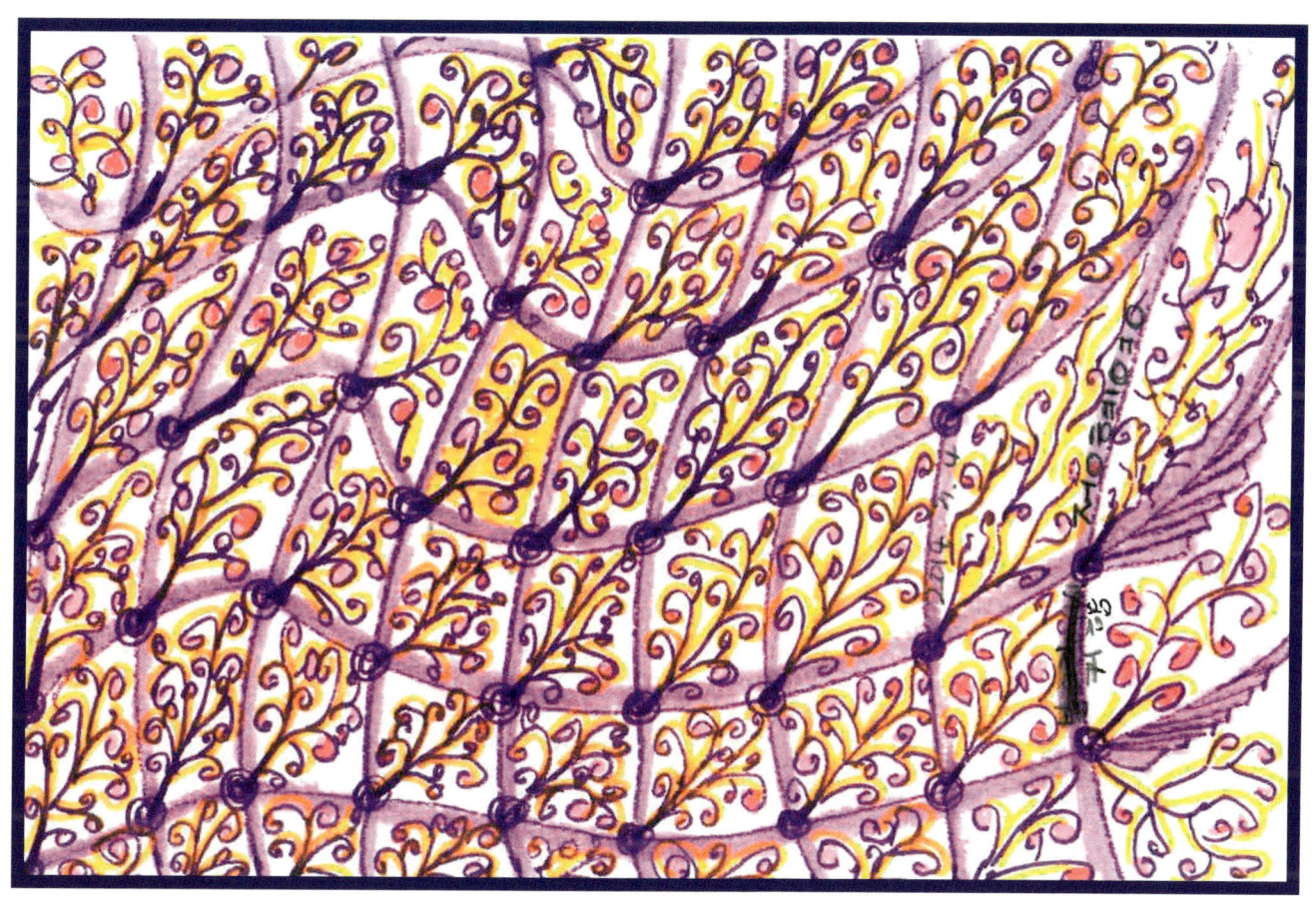

### ♫ 봄의 정령 (추38) ♫

봄의 정령은

꽃들과 나무들과 산과 바다에도 어여쁘게 살며시 다가온다.

### ♩ 신나는 날 (추161) ♩
내일은 소풍 가는 날, 새로운 옷 입는 날, 새로운 곳으로 부푼 꿈 펼치는 날,
새로운 것이 좋은 날에는 깡충깡충 토끼 되어 춤추네!

## 푸른 하늘 뭉게구름

**가**을은 포근한 사랑이죠!
**나**도 사랑하지, 그대도 사랑하게 되는
**다**정한 연인이 없어도 사랑을 느끼는
**라**라라 즐거운 노래가 송송 튀어나오는 날
**마**음껏 뛰놀아도 즐겁게 일해도
**바**다를 품에 안은 것 같은 가을
**사**람들 사이에서 오가는 정들이 느껴지는 계절
**아**~ 아~ 아~
**자**연 속에 사는 가장 좋은 날들
**차**가운 듯 신선한 듯 짧은 이 계절
**카**누의 속도처럼 사라지기 전에
**타**닥타닥 걸어도 보고 뛰어도 보고
**파**란 하늘 뭉게구름과 같이 누워도 보는
**하**루 황금 같은 가을은 사랑이네요!

Part 3.
인생과 철학

# 가감승제 인생 이야기

**가**감승제 인생 이야기

**나**누고 곱하고 빼고 더하는 것은

**다**양한 인생살이 방법이죠.

**라**라라 즐거움과 기쁨은 더하고

**마**음의 괴로움과 고통은 빼고

**바**쁘고도 한가한 일상에서

**사**랑과 감사의 마음은 곱해 봐요.

**아**름다운 노후는 나누며 더불어 사는

**자**연의 지혜 같은 가감승제 인생 디자인

**차**가운 날이든 더운 날이든

**카**오스와 코스모스가 춤춰도

**타**산지석으로 삼고 살아야겠어요.

**파**릇한 새싹 돋고 익어 사라지고 찾아오는

**하**루 같은 인생을 어여쁘게 살아 봐요.

### ♬ 꽃들의 대화 (추316) ♬

꽃들은 대화를 한다. 고요한 날에는 소곤소곤, 비오는 날에는 왁자지껄.

세상이 뭐라 하든 활짝 웃는 얼굴로 즐거운 노래 하듯 대화를 한다.

### ♬ 유연한 세상 (추309) ♬

세상은 둑에 갇혀 있는 물이 아니라, 유연하게 흐르는 강물이다.

이런 세상에 둑을 만들고 나만의 세계를 가지는 것은 또 하나의 자유이다.

## 가는 날이 장날이어서 금 같은 시간이 남고

**가**는 날이 장날이어서 금 같은 시간이 남고
**나**뭇가지에 바람이 많아 시원하고
**다**른 생각 거꾸로 하는 생각에 웃음꽃 피네요.
**라**나이처럼 널리 관망하며
**마**음을 활짝 열고 즐거운 노래 부르듯 살자고요.
**바**람 불어
**사**공이 많으면 배가 산으로 가서 관광이 되고
**아**이디어가 엉뚱한 데서 나오니 유레카라~~
**자**는 호랑이 굴에서 나오게 하여 굴 차지하고
**차**분한 새벽에 암탉이 울어 장닭이 날개를 달았다나.
**카**더라 하며 강 건너 불구경해서 내 집 단속하여
**타**산지석으로 삼고
**파**안대소하여
**하**루를 즐겁게 미소 지으며 시작해 보자고요.

## 가브리엘 천사를 보았다

**가**브리엘 천사를 보았다.
**나**지막이 강한 에너지로
**다**정하고 오묘하게 다가왔다.
**라**라라 웃음 저편 힘없이 쓰러진 끝에서
**마**음의 안식을 주는 그 힘을 보았다.
**바**르게 살 수 있는 날들이 꾸부정하고
**사**랑도 미움도 그친 그곳에
**아**름답고 강한 가브리엘이 있었다.
**자**연의 이치처럼 파괴와 창조가 반복되고
**차**가운 대지 위에 여린 듯 강한 풀잎처럼
**카**인과 아벨의 지루한 싸움이 이어지는 지금
**타**오르는 정의감에 불꽃 피어나는 그들에게서
**파**랑새 같은 희망의 배를 노 젓는 곳에서
**하**이에나처럼 가브리엘이 있었다.

### ♬ 기도 속으로 (추199) ♬

힘들고 방황할 때 절실하고 소원을 가질 때
뭔가를 붙잡듯이 절실한 기도의 속으로 몰입한다.

### ♬ 그대의 표정은 (추129) ♬

나는 어떤 표정을 짓는가? 그대는 어떤 표정을 하는가?

아무런 생각 없이 있을 때 내면의 표정이 보인다.

## 가장 아름다운 사람

**가**장 아름다운 사람은 끊임없이 뭔가를 지향하는 자의 모습이다.

**나**도 그런 사람이 되고 싶다.

**다** 가진 듯 행복하고, 즐거워도 늘 지식은 마시지 못한 샘물

**라**일락 꽃향기처럼 은은하게

**마**음속 깊이 자연과 인간에 대해 알고 싶다.

**바**다처럼 넓고 깊게

**사**랑처럼 달콤 살벌하게

**아**아아~~~

**자**고 나면 또 모르는 세상

**차**고 넘치는 이 세상을 물음표(?)에서 느낌표(!)로

**카**모마일차를 마시면서

**타**고난 인간으로 물음에 충실하고 싶다.

**파**라다이스가 어디인가?

**하**하하~~~ 아름다운 시간에 머물러 있다.

# 나비의 꿈

**가**만히 눈을 감으면
**나**비가 나인지, 내가 나비인지
**다**시 깨어나도 여전히 알 수 없네.
**라**라라~ 기쁨도, 우우우~ 슬픔도
**마**법처럼 피어나고 사라지며,
**바**다와 산처럼 흘러가는 세월.
**사**라지는 것은 무엇이며,
**아**바타가 나인지, 내가 아바타인지.
**자**연이 속삭이는 소리를 들으며,
**차**갑던 이성은 부드러워지고
**카**인의 후예인지, 아벨의 후예인지 몰라도,
**타**오르는 열정과 감사의 마음으로,
**파**란 하늘을 품은 강물처럼
**하**루하루 미소 짓는 깃발이 되어 나부끼리.

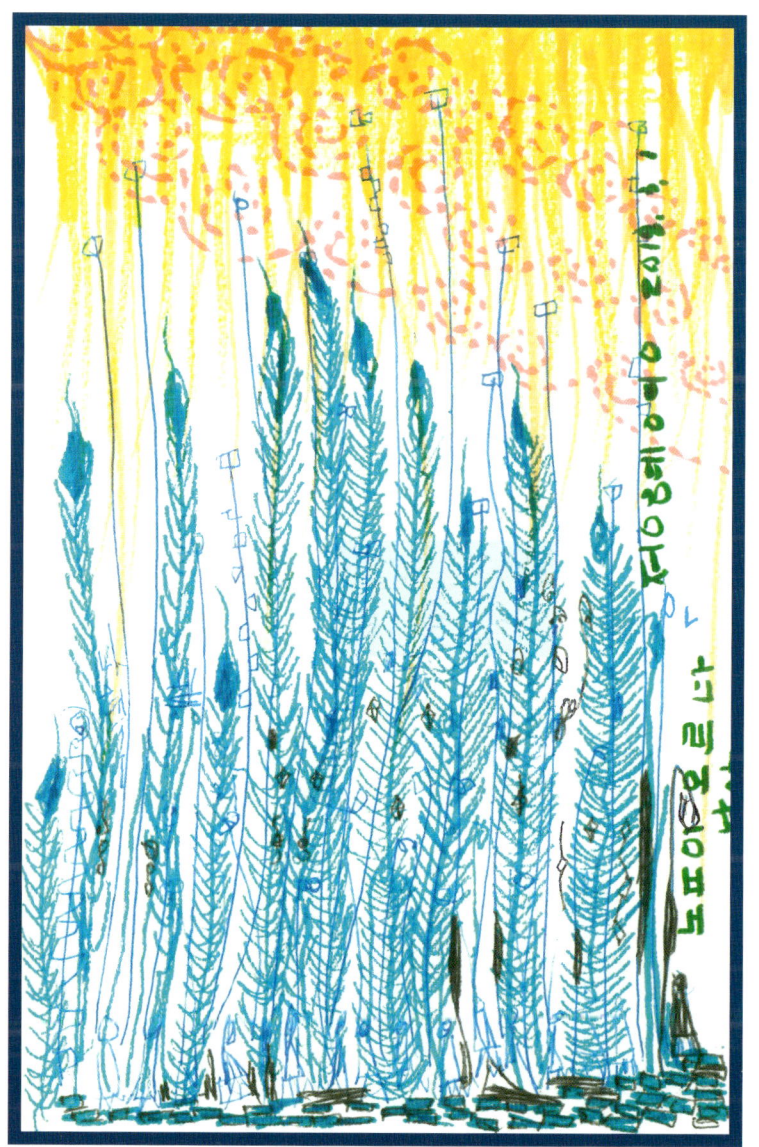

♬ 높이 날아오르다 (추33) ♬

지칠 줄 모르는

용솟음치는

희망으로

하늘 끝까지

나비처럼 올라간다.

### ♬ 석양에 물들이다 (추110) ♬

석양이 붉은 입술처럼 다가올 때면 무지갯빛 노을이
붉은 비단자락을 펼치며 아늑한 이부자리를 내놓는다.

## 노을에 피는 꽃

**가**지를 뻗어 해를 품은 세월이 수십 년,
**나**보다는 우리를 위해 밤을 지새웠네.
**다**정한 친구들과 고민을 떨쳐내고,
**라**라라 웃음도 조용히 접어둔 채 걸어온 길.
**마**음은 청춘인데, 벌써 문을 닫으려 하나?
**바**람 끝자락에 새로운 길이 열리니,
**사**랑과 꿈이 살랑살랑 미소 짓네.
**아**쉬움과 미련은 낙엽처럼 흩어버리고,
**자**기애로 진정한 나를 찾아
**차**분하고 힘차게 나의 길을 걸으리.
**카**멜레온처럼 변화에 스며들고,
**타**닥타닥 장작불처럼 따스한 온기로,
**파**릇파릇 새싹처럼 피어나는 희망으로,
**하**루하루 소중한 향기로운 꽃이 되리.

## 라여!

**가**온의 세상은 아직 오지 않았는가?
**나**는 알지 못한 채 여전히 헤매이네.
**다**이아몬드 같은 찬란함을 원치 않아서였을까?
**라**여, 부디 답해주소서.
**마**돈나처럼 열정의 불꽃을 피우며,
**바**로크에서 로코코까지 넘나들며
**사**랑과 예술을 흠모했지.
**아**득한 은하수를 붙잡으려는
**자**맥질 속 썩어버린 욕망은
**차**갑게 얼어붙은 킬리만자로의 만년설이 되어
**카**랑카랑 메아리치네.
**타**는 목마름으로
**파**라다이스를 찾아 헤매이며,
**하**염없이 오늘도, 그리고 지금도 나는….

♬ 생각사이 (추218) ♬

상념이 모여서 창작의 길로 들어서면

조그만 웃음꽃이 따라온다.

♬ 웃음 터지다 (추109) ♬

웃음이 터지면 너와 나 똑같은 밝은 웃음이

여기저기 꽃잎 되어 터진다.

## 사랑옵다

**가**을이 가기 전에, 내 몸을 더 사랑해야겠어요.
**나**도 모르게 움츠러들고,
**다**니던 길도 낯설어지는 이때,
**라**즈니쉬처럼 명상도 하고,
**마**젤란처럼 몸을 탐험해 보아요.
**바**라만 보는 타인처럼, 내 손으로
**사**랑하는 나를 만지고, 예뻐해 주세요.
**아**름다움은 결국 관심과 사랑에 머물러 있거든요.
**자**는 순간까지도,
**차**가운 시선을 거두고 따뜻하게 속삭여 줘요.
**카**나리아처럼 목청껏 노래하고,
**타**조처럼 최대한 활력 있게,
**파**릇파릇 웃음도 자주자주.
**하**루 그 언제, 어느 때든, 나는 소중하니까요!

## 사랑의 꽃비

**가**여운 영혼에 꽃비를 뿌려라.
**나** 홀로 외로운 사람들,
**다** 같이 있어도 마음은 고독한 사람들.
**라**이프스타일의 소중함을 알고 살아도
**마**음엔 울음과 괴로움이 가득한 사람들.
**바**람 불고 비가 내리고 햇빛 쏟아져도
**사**랑에 울고 있는 사람들 위에
**아**름답고 향기로운 꽃비를 내려라.
**자**연에서 와서 자연으로 가는 길,
**차**가운 현실을 잊으려나?
**카**인처럼 어둠에 싸인 영혼 위에
**타**오르는 태양처럼,
**파**란 바다처럼,
**하**늘 가득 사랑의 꽃비를 뿌려라.

### ♬ 봄빛 (추39) ♬

봄빛은 비가 내리면 예쁘장한 꽃신 신고
연한 녹색옷 갈아입고 사뿐사뿐 찾아온다.

### ♬ 잃어버린 꿈을 찾아서 (추305) ♬

우리들의 꿈은 늘 무지갯빛 꽃처럼 아름답다.

꿈은 진정 살아 있는 자만이 가질 수 있는 성스러운 희망이다.

## 영혼과의 대화

**가**로수 길을 걷는다.
**나**른한 하루를 끝내고
**다**시는 못 볼 것 같은
**라**이온 킹의 어린 시절 그 용맹처럼
**마**른 사막의 오아시스로 다가온다.
**바**쁜 일정에서도 나의 사랑아
**사**랑한다고 말을 해보자.
**아**하! 그렇구나 하면 따사로워지겠지.
**자**유로운 내 영혼의 숨소리를 들어보자꾸나.
**차**가운 유리창에 얼굴을 기대서라도
**카**멜레온처럼 변화를 줘야겠지.
**타**버린 열정이어도 좋다.
**파**란 하늘처럼 시원한 열정의 눈빛을 잊을 수 없으니까.
**하**루하루 내 영혼의 키움을 위하여!

# 웃음 띤 신발 신고

**가**난한 마음에도 풍성한 햇살이 스며들고,
**나**즈막한 위로가 하루를 감싸 안아주네.
**다**정한 미소 하나에 세상은 더 환해지고,
**라**틴 음악처럼, 즐겁게 노래하면 희망이 피어나네.
**마**음속 작은 정원엔 사랑이 꽃처럼 자라고,
**바**르게 살아가는 길에 햇살이 내려앉네.
**사**랑하는 사람들의 행복을 바라는 마음엔,
**아**름다운 자연의 무한한 베풂이 흐르네.
**자**고 나면 사뿐히 행복의 노래를 부르고,
**차**고 넘치는 기쁨도 슬픔도 내 안에 피어나네.
**카**라멜처럼 달콤한 순간, 때론 씁쓸한 날도 있지만,
**타**오르는 촛불처럼 따뜻한 빛을 세상에 비추리라.
**파**란 하늘 붉은 대지를 두 발로 힘차게 딛고,
**하**하하, 오늘도 웃음 띤 신발을 신고 어영차 길을 나선다.

♫ **신나는 여행 (추19)** ♫

신나는 날이다.

너도 나도 힘차게 모험을 위하여

새로운 것을 위하여 나아가는

신나는 여행.

♬ 이쁜이의 도자기 (추52) ♬

도자기를 빚는 시간이 밝은 웃음으로 빚어지면 영롱한 빛이 인사하며,
이쁜이의 사랑스런 손길에 즐거운 미소로 화답한다.

## 웃음과 세월

**가**는 세월을 붙잡을 수 있을까?
**나**는 여러 가지 생각해 봤죠.
**다**양한 방법이 있겠지만
**라**라라 웃음만큼 좋은 방법이 없을 것 같아요.
**마**음가짐에 몸이 따라가거든요.
**바**람처럼 주저 없이 웃고 웃는 거예요.
**사**라지기 전까지 시간은 내 편이라고 생각해요.
**아**름다운 빛으로 빚어야겠지요.
**자**이언트를 생각하며
**차**츰 인생의 멋을 느끼고 있어요.
**카**시오페이아처럼 절대로 자만하지는 않을 거예요.
**타**락은 자신을 더 크게 보이고 싶은 데서 시작하거든요.
**파**라다이스는 작은 몸짓의 나를 안아줄 때 있는 것이니
**하**하하 크게 자주 웃는 하루를 그릴 거예요.

# 입 IN OUT

**가**슴 아픈 일도, 감동스런 일도 입에서 시작되죠!

**나**를 떠나 남과 나에게 상처를 주고, 기쁨을 주죠.

**다**섯 왕조의 11명의 황제를 모신 풍도(馮道)의 말조심이 생각나네요.

**라**돈(Radon)처럼 가벼움도,

**마**음 깊이 스며드는 무거움도

**바**로 세 치 혀에서 시작되고 끝이 나니까요.

**사**람의 말이 세 개의 황금문을 지나고 있는가?

**아**~ 그것이 진실한가? 필요한가? 친절한가?

**자**신을 지키고, 때로는 자신을 버리는 말(言語),

**차**가운 비수처럼 날카롭고,

**카**라멜처럼 부드럽게 유혹하는 말(言語).

**타**산지석 삼아 수양에 수양을 쌓아야겠네.

**파**르스름한 새벽 기운을 담아, 오늘

**하**루만이라도 진중하게 나를 돌아보리라.

### ♬ 나의 거울 (추48) ♬

나의 거울은 순진한 아이 같다. 입꼬리를 올리면 같이 입꼬리를 올리고
내가 하는 모양대로 잘 따라 한다.

♫ 물 (추93) ♫

물에서 태어나 물에 살고 물을 사랑하고 물에 감사하리라.

## 지구를 내 몸처럼 생각해 봐요

**가**끔은 크게 넓게 생각해 봐요.
**나**와 너 우리가 살고 있는 지구
**다** 같이 똑같이 잘살지는 않아도
**라**마스떼 이 땅에 감사의 노래를 불러요.
**마**음으로부터 고마운 지구를 잊지 말아요.
**바**다와 대륙이 빚어내는 은혜로움을
**사**는 동안 무한한 혜택을 받지만
**아**름다운 지구를 쓰는 데 몰두했을 뿐
**자**연을 아끼는 데 얼마나 게을리하는가!
**차**가운 양극의 빙하가 점점 사라지고
**카**리브와 아마존이 파괴되고
**타**고 황폐해진 사막이 부메랑 되어 우리를 잠식하고 있는데
**파**랗고 건강한 지구를 되찾기 위해
**하**루하루 할 수 있는 실천을 꼭 해봐요.

## 추락한 것은 날개가 있다

**가**장 아름다운 거리는 끊임없는 부지런에 놓여 있고,
**나**비의 살랑거리는 날갯짓은 태풍을 그린다.
**다** 가져도 또 가지려는 욕심은 끝이 없는 바다처럼,
**라**풀라풀, 펄럭이는 깃발처럼 아무것도 얻지 못한 채,
**마**음의 정성을 다해 손을 뻗어 가면,
**바**라는 목표로 나아가는 시간 속에 행복이 머문다.
**사**라진 목표는 길 잃은 방황의 그림자처럼,
**아**무것도 보이지 않는 어둠 속에서 길을 잃는다.
**자**맥질과 고요의 차이가 있는 것처럼,
**차**이 나는 열정만큼 우리의 세계도 달라진다.
**카**악카악, 날갯짓 뒤에 우리는 잃어버린 영혼을 돌아본다.
**타**버린 뒤에도 그 흔적은 여전히 남아, 우리에게 기억된다.
**파**란 하늘 아래,
**하**르방처럼 미소 짓는 그대여, 우리의 노래는 계속된다.

**♬ 빅 히스토리 (추152) ♬**

세상은 나 하나의 입에서도 다 보이고
모든 것에서도
하나를 볼 수 있는 빅 히스토리다.

♬ 웃음세상 (추293) ♬

웃음은 늘 마음을 환하게 하고, 마음이 가벼워지고
어린아이처럼 가벼운 춤놀이를 한다.

## 카라멜 웃음

**가**자! 미소의 나라로.
**나**의 웃음이 너의 미소를 부르고
**다** 함께 웃음 한 아름 나누면
**라**이프스타일에도 행복의 멜로디가 흐르네.
**마**음속 메마른 땅에도
**바**이올린 선율이 스며들어
**사**랑의 아름다운 호수가 되어
**아**침부터 새벽까지, 꿈속에서도
**자**양분 같은 미소가 물길이 되어
**차**가운 우주에 꽃비처럼 퍼지리니
**카**라멜처럼 부드럽고 달콤하고
**타**오르는 태양처럼 밝게 빛나리라.
**파**릇파릇 봄 새싹처럼
**하**하하 하하하 웃음 바이러스처럼….

## 풀꽃 인생

**가**는 길에 풀꽃이 피었네.
**나**의 길이 온전히 나의 길인 적 있었나?
**다**양한 역사의 흐름이
**라**푼젤의 긴 머리처럼 도도한 강물이 되어주고
**마**음의 동행이 되어주네.
**바**람결처럼 스치는 인생에도
**사**람 사는 맛이 우러나니
**아**아~~ 인생 별거 있나요?
**자**연 속에 살면서
**차**분한 듯 흔들리듯 걸어가네.
**카**톡 카톡 대화하고
**타**이레놀 필요하면 도움받고
**파**스도 붙여 보기도 하고
**하**루하루 풀꽃처럼 살아가네.

♬ 풀꽃 (추94) ♬

잡초라고 부르지 마라.

나처럼 열정적으로 치열하게 살지 않았다면.

♩ **어린 음악대 (추18)** ♩

따따따 어린 음악대

신나는 어린 음악대

세상도 하나 되는

쿵짝짝 어린 음악대

빛나는 어린 음악대

너와나 웃음꽃 핀다

## 행복 진행 중

**가**까이 더 가까이
**나**와 그대는 행복한 길을 걷고 있네요.
**다**정다감한 애정이 뿜뿜
**라**면을 먹든 갈비를 먹든
**마**음엔 한가로운 배를 띄우죠.
**바**라는 것은 지금처럼 지내는 것
**사**는 즐거움은 그대 있어 더욱 찬란하고
**아**스라이 미래도 따뜻하게 다가오는 것
**자**연스럽게 익어가는 웃음은 깊은 내면에 차곡차곡
**차**분하게 관조하는 인생은
**카**리브해의 노을처럼 아름다워요.
**타**래난초의 날개 펴듯
**파**란 하늘 벗 삼아
**하**루하루 그려지는 행복은 지금 진행 중.

Part 4.
일상의 맛과 멋

♬ 싸인 (추211) ♬

일상을 왕처럼
고상한 마음으로
날개 펴듯 그려본다.

## 가는 길 오는 길 사랑 길

**가**는 길 오는 길 사랑 길
**나**의 길 너의 길 우리 길에
**다**양한 삶들이 놓여 있어.
**라**라라 즐거우면 즐겁고
**마**음이 괴로우면 괴로운 길이 될 거야.
**바**람결처럼 오고 가는 그 길에
**사**랑의 마음으로
**아**모르파티를 열어보는 거야.
**자**연스럽게 때론 도전하고
**차**분하게 때론 열정적으로
**카**메라가 비출 때 입꼬리를 올리듯
**타**인과 또 다른 나를 위해 신명 나게 사는 거야.
**파**라다이스는 내 마음속
**하**늘 끝에서 땅속까지 놓여 있으니까.

### ♬ 낭만의 바다 (추53) ♬

고래와 상어가 물결 따라 아이와 어른이 꿈결 따라 서로와 서로의 어깨 되는
평화와 공존의 세계에는 낭만을 꿈꾸는 바다에는 꿈에서 간절히 노을 진다.

**♬ 여름 나라에서 (추298) ♬**

여름은 시원한

나무 아래 숨을 쉰다.

여름은 별 아래

눈을 뜨고 하늘을 바라본다.

## 가장 추운 날에는 뜨거운 여름날을 기억하자

**가**장 추운 날에는 뜨거운 여름날을 기억하자.
**나**른해질 때에는 차가운 물방울이 스칠 때
**다**닥다닥 소름 오를 때를 기억하고
**라**라의 테마곡의 주제처럼 흘러오는 사랑의 운명을
**마**음 깊은 사랑으로 소중히 받아들이자.
**바**람처럼
**사**르락 사르락 눈결처럼 사라지는 인생 시간을
**아**름답게 가꾸어야겠지.
**자**장자장 따스한 숨결을 안은 듯이
**차**가운 겨울을 즐겨내고
**카**나리아의 고운 노래를 담아낼 거야.
**타**종이 울리는 새해를 맞기 전에
**파**레트에 짜둔 물감을
**하**얀 여백 물결 위로 노을 곱게 칠하자.

## 나란히 나란히

**가**지런히 청소를 해볼까요!
**나**른하게 늘어진 휴일을 지내고
**다**시 긴장 끈을 여미고 시작해 보는 날,
**라**테 마시는 즐거움은 마음에 고이 간직하고
**마**음을 차분하게 들여다볼 때
**바**쁘게 지난날을 정리해 볼 때
**사**이사이 놓인 것들을 정리해 봐요.
**아**지랑이 올라오듯 어질러진 마음이
**자**연스럽게 정리되고
**차**일 내리듯 청아함이 내려앉죠.
**카**오스 속에 헤맬 때
**타**닥타닥 덤벙덤벙하지 말고
**파**란 하늘 뭉게구름 살포시 내려앉는 듯
**하**루 요맘때 마음 정리를 해볼까요!

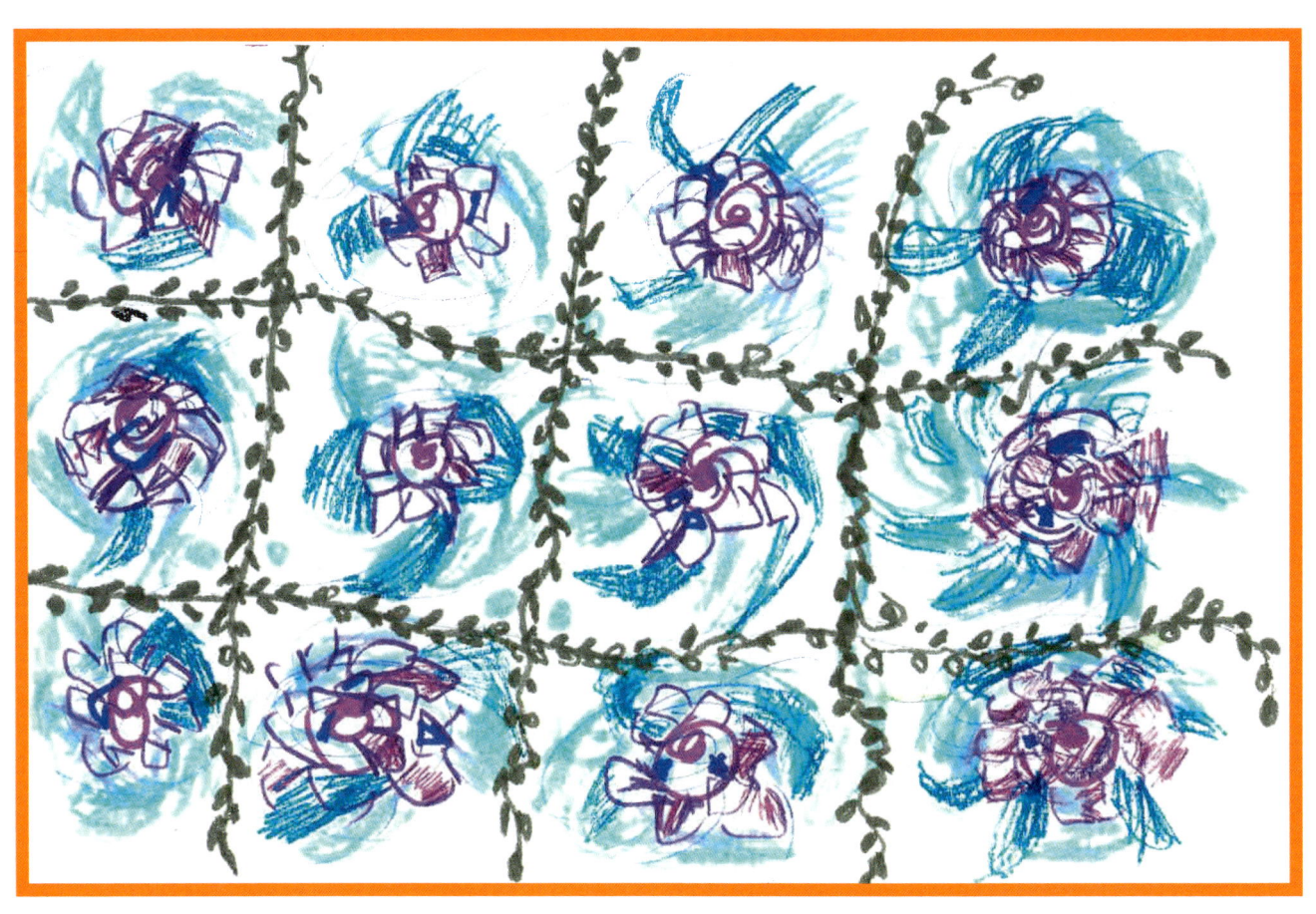

♬ 꽃밭 (추190) ♬

꽃의 향기는 꽃밭을 떠나 아름다운 눈을 따라 즐거운 여행을 한다.

♬ 솜사탕 (추319-17-2) ♬

보송보송 하늘하늘 솜사탕에는

꿈이 풍선 되어 하늘로 날아간다.

## 내가 좋아하는 것들

**가**마솥에서 퍼지는 구수한 누룽지향
**나**른한 오후, 한 모금 박카스의 짜릿함
**다**정한 연인의 포근한 체온과 살 내음
**라**라라 노랫가락에 맞춰 흔드는 어깨
**마**음을 향기로 물들이는 꽃과 나무
**바**나나처럼 손쉽고 든든한 완전식품
**사**라진 영혼이 남긴 위대한 발자취
**아**작아작 깨물어 퍼지는 사탕의 달콤함
**자**작자작 끓어오르는 국물의 깊은 맛
**차**곡차곡 쌓이는 하루의 작은 기쁨
**카**피라이터의 문장 한 줄에 스며드는 감동
**타**닥타닥 장작 타는 소리 속 따스한 밤
**파**르스름한 새벽빛이 살며시 스며들 때
**하**루, 지금 이 순간을 온전히 느끼는가?

## 누룽지 풍경

**가**마솥 누룽지가 그리운 날엔
**나**도 모르게 어린 시절 부뚜막이 찾아온다.
**다**정하고 근엄한 할머니의 목소리가 들리고,
**라**면을 서로 먹으려 싸우던 남동생이 생각난다.
**마**음까지 진하게 우려지는 추어탕은
**바**랄 수 없는 젊은 엄마의 깊은 솜씨로 침이 고인다.
**사**다리 타고 더그매에 내민 따뜻한 계란 꿀꺽 마시고,
**아**이들과 장독대, 대밭을 누비며
**자**치기와 숨바꼭질, 세상에서 가장 즐거운 시간이 멈췄다.
**차**가운 바람 끝이 우는 날엔,
**카**랑카랑 밤을 지키는 개 짖는 소리가 든든했고,
**타**다 남은 숯불에 노란 달을 품은 고구마가 쪼개졌다.
**파**란 하늘 구름 품은 저수지엔 수양버들 그네 타고,
**하**얀 밤, 푸른 낮이 아른거린다.

### ♬ 그리움 (추25) ♬

그리움은 목덜미를 타고 흐르는 눈물처럼

가슴이 메여 오는 노래로 온몸이 슬픈 음악처럼 물결친다.

### ♬ 축구는 이맛이야 (추79) ♬

축구를 사랑하고 응원하는 열성팬은 아니어도

한국과 독일 축구 경기에서 2:0으로 이긴 축제 같은 날,

낚시에서 대어를 낚은 그 마음보다 더 크게 즐거움이 심장을 두드렸다.

## 맛있는 녀석들

**가**락국수를 먹어봐요!
**나**물도 곁들여서 먹어봐요!
**다**시마 국물도 진하게 끓여내고
**라**면도 맛있지만
**마**음마저 뻥 뚫리고 시원한 국물은 눈물도 흐르게 하죠.
**바**라는 게 여기에서는 더는 없죠!
**사**랑도 행복도 돈도 명예도 생각나지 않거든요.
**아**삭아삭한 총각김치도
**자**작자작한 각종 전골도
**차**갑게 얼린 육수에, 냉면에 갈비도 먹고 싶을 때 먹을 수 있으면 좋아요.
**카**레의 다양한 변신도 좋고
**타**는 듯 칼칼한 매운맛은 영혼까지 카타르시스하고
**파**릇파릇 다양한 새싹 채소의 버무림과 과일 김치도 사각거리는 느낌도 좋아요.
**하**루하루 색다른 맛에 즐거운 시간이 통통거려요.

## 따뜻한 커피가 그리운 날

**가**랑비가 내리는 길을 걸어가요.
**나**른해진 영혼이 풀이 죽었을 때
**다**정하게 연인이 손을 내밀듯이
**라**젠다의 장엄한 노래 열정으로
**마**음속을 살며시 끌어 올리네요.
**바**람 없이 비단옷 사각 사각사각
**사**락사락 낙엽도 숨을 죽이네요
**아**름다운 가을이 오는 소리였네.
**자**연스런 자연의 변화 따라가니
**차**가워진 피부에 소름 올라오네.
**카**페에서 따뜻한 커피 마시는데
**타**각타각 빗줄기 쏟아 내리는 길
**파**릇파릇 내 영혼 업된 날이구나.
**하**루하루 또 다른 나를 드리운다.

### ♬ 테라스에 서서 (추201) ♬

여유라는 이름을 부르고 싶을 때 무심하게 우리 곁을 지키는

그윽한 커피처럼 꽃동산 되어 나를 지켜주는 테라스에 서성인다.

♬ 꽃의 산책 (추104) ♬

꽃들이 모여 사는 동네에는 사람들이 찾아와 꽃의 손을 잡고 산책을 한다.

## 라임 오렌지 나무와 제제처럼

**가**까이 있는 사람들의 이름을 불러봐요.
**나**직이 부드럽게
**다**정하게 불러봐요!
**라**임 오렌지 나무와 친구가 되는 제제처럼
**마**음으로부터 다가올 것 같지 않나요?
**바**람의 향기가 느껴지겠죠.
**사**랑의 따뜻한 난로처럼 흐르겠네요!
**아**름다움은 작은 것, 가까운 곳에 있죠.
**자**기 주변을 처음 보는 것처럼 조심히
**차**분하게 다가가 봐요!
**카**레를 먹은 후의 따뜻함 같은 것을 느낄 거예요.
**타**인보다 가까이 있는 익숙함으로 무시하거나, 지나쳐 버리지 않았는지
**파**릇하게 서 있는 나의 그대들에게
**하**루 몇 번이고 다정하게 이름을 불러봐요!

## 라포르테

**가**로수 길을 걸어요.
**나**를 사랑하고 내가 사랑하는 사람과 함께
**다**정하게 길을 걸어요.
**라**포르테 끌리는 자석처럼 손에 손잡고
**마**음도 가볍고 꿈길을 걷는 것처럼 좋아요.
**바**람도 살랑살랑 부는 이 좋은 계절에
**사**랑과 가로수가 잘 어울리네요.
**아**름다운 계절이네요.
**자**연스럽게 사랑이 아늑한 시간으로 인도하네요.
**차**가운 밤공기가 우리들의 마음을 더욱 가까이하게 만들어요.
**카**스는 이젠 그만! 따뜻한 차를 마주하며
**타**오르는 열정을 안으로 모으는 시간이 되었어요.
**파**란 새싹이 또 다른 시간에 피어오를 때까지
**하**루하루 소중한 시간 속으로 알뜰하게 걸어가요!

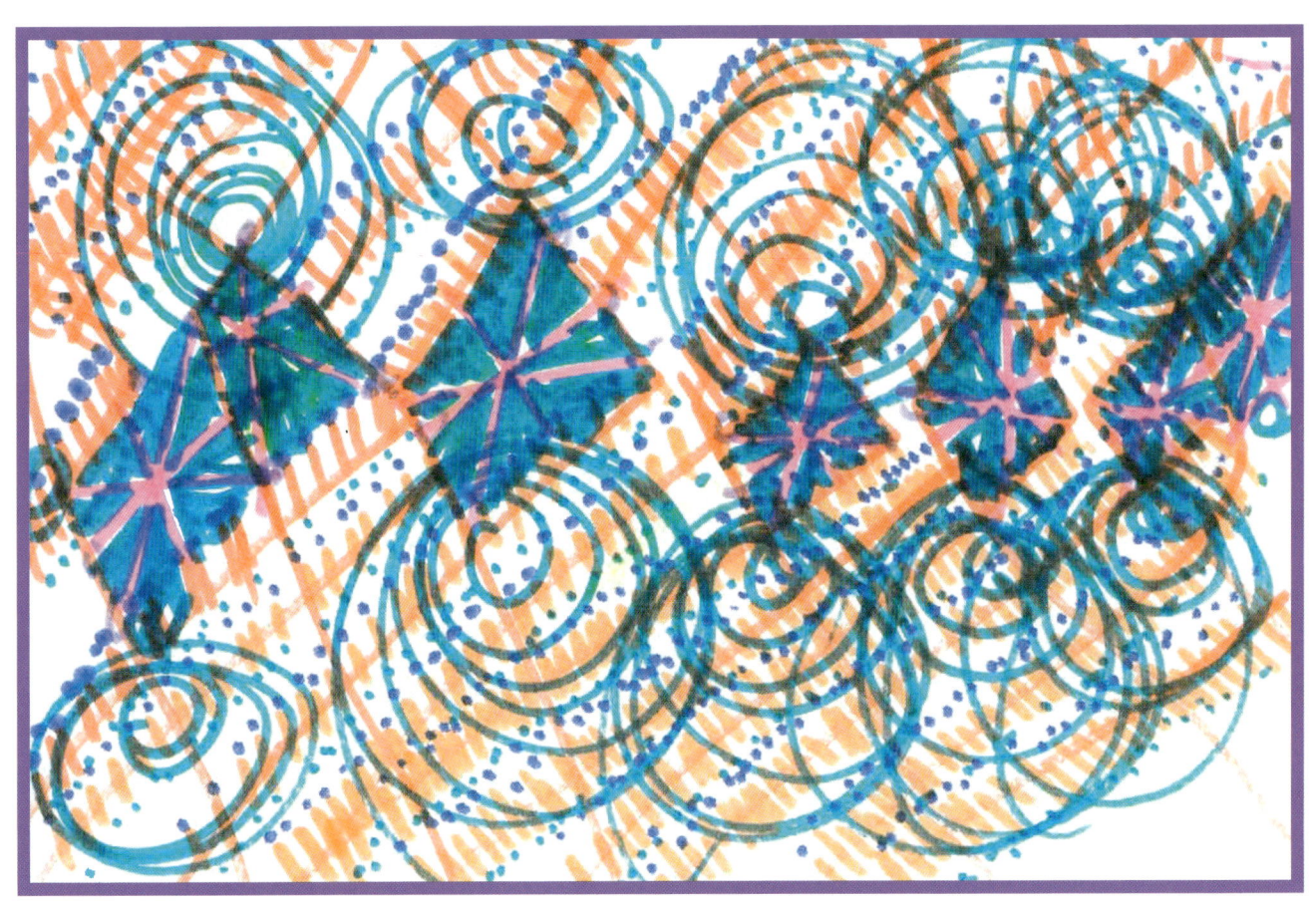

### ♬ 바람의 향기 (추299) ♬

바람에게도 가는 길이 있다. 여기저기 아무렇게나 가지 않는다.

활짝 열리는 사람에게는 부드럽게 다가와 인사를 한다.

향기로운 가을 국화처럼 살랑살랑 시원한 미소를 날린다.

♬ **자유 항해 (추204)** ♬

자유로운 시간 속에 있을 때는

무한의 상상력이 노를 저어 꿈이 이루어져 간다.

## 라푼젤의 긴 머리를 뒤로하고

**가**는 시간아 말 좀 하자꾸나!
**나**의 시공간은 살포시 열려 있고
**다**소곳이 엉뚱한 곳으로 흐르는
**라**푼젤의 긴 머리 같은 새벽녘에는
**마**음에 한가로운 배 띄우며 멈춰 있는데
**바**닷속 같은 시간이
**사**라지고 부서지는 모래알처럼
**아**침에서 저녁까지는 재촉하며 우는 아이 같구나.
**자**기 전까지는 화난 듯 즐거운 듯
**차**갑게 돌아선 새초롬한 꼬리를 흔들듯
**카**라도 숨긴 채 오늘도 사라지겠지.
**타**닥타닥 콩 볶듯 재잘거리다가
**파**란 하늘 뭉게구름처럼 여유 부리는 시간아!
**하**루 진득하게 손잡고 놀아보자꾸나?

♬ **금빛 유혹 (추124)** ♬

금빛 물결 춤춘다.

사랑 물결 어여쁘다.

### ♬ 노을이 있는 저녁 (추125) ♬

붉은 노을이 가슴을 뚫고 들어오면 멍때리기 하듯이 시인이 되고
사랑하는 연인이 되고 어여쁜 친구가 된다.

# 멍때리기

**가**끔은 멍때리기로 마음을 가다듬어요.
**나**도 모르게 바쁘게 돌아가는 세상 속에서
**다**른 세계를 경험하듯 멍때리면 힐링이 되겠죠.
**라**즈니쉬 명상에 음악 감상이나 영화 감상도 좋고,
**마**음의 양식인 책을 읽으며 상상에 빠져드는 책멍도 좋아요.
**바**라보는 그 무엇이든,
**사**물과 따로 놀며 생각을 정리해 보죠.
**아**름답게 정돈된 사물들 속에서도,
**자**연을 멍하니 바라보며 마음을 비워요.
**차**갑게 보일지라도 상관없어요.
**카**누에 누워 하늘을 바라보듯,
**타**닥타닥 장작 타는 소리와 함께 불멍하고,
**파**도치는 소리, 빗소리 속에서 백멍도 하며,
**하**루에 한 번, 멍때리기로 정신 지킴이가 되어 봐요.

## 비행기도 기도하는 날

**가**을을 거두어들이는 마음으로,
**나**와 너의 자녀가
**다**니던 학교를 떠난다.
**라**라라, 즐거운 웃음도 잠시 숨죽인 채 멈춰 서 있다.
**마**음과 몸을 다해 맞이하는 일생일대의 커다란 시험,
**바**라는 것은 오직 하나, 모든 꿈이 이루어지기를.
**사**랑하는 이들의 기도와 정성이 하늘에 닿는 날,
**아**이에서 어른이 되기까지 이토록 간절한 순간은 또 있을까.
**자**신과의 소리 없는 대화를 나누며
**차**곡차곡 쌓아 온 지식을 풀어내는 날,
**카**르멘처럼 불타오르는 열정과
**타**오르는 꿈의 시작이 오늘, 이 순간부터 펼쳐진다.
**파**란 하늘도
**하**얗게 긴장하는 날, 비행기마저 조용히 기도하는 그날.

♬ **탑 (추183)** ♬

숭고한 영혼의 땀이 서린 곳.
피안의 세계가 서리고
간절한 기도의 속삭임이
한 땀 한 땀 모여 있는 자리.

♬ **바람과 나무 (추207)** ♬

산책길에는 살랑거리는 바람에 춤추는 나무가 동무 되어
발걸음도 가볍고 부드러운 숨결에 민들레 홀씨가 된다.

## 산책의 즐거움

**가**까이 있는 공원 길을 걸어요.
**나**를 힐링해 주는 나무와 꽃들은
**다**양한 표정으로 다가오네요.
**라**니탈처럼 가볍게 걸어요.
**마**음은 어느덧 평화롭게
**바**흐의 미뉴에트로 눈인사해요
**사**이사이 나무와 꽃들이
**아**름다운 그림이 되는 길
**자**목련과 개나리꽃이 진 자리
**차**곡차곡 나무들이 짙푸르고
**카**메라를 벗어나는 나무의 세계를
**타**는 듯한 목마름으로
**파**르르 숨결을 죽이며
**하**냥 하냥 느껴봅니다.

## 새롭게 새롭게

**가**는 길도 새롭게 보자!
**나**의 길 너의 길 별반 다를 게 없지만
**다**르게 새롭게 의미를 부여하자.
**라**거 맥주처럼 황금빛 웃음 한 바가지는 필수!
**마**음에 끌림은 선택!
**바**야야 흥얼거리면 노래가 따라오고
**사**라진 웃음도 찾아온다.
**아**침을 즐겁게 준비하며
**자**고 나면 또 그 삶일지라도
**차**곡차곡 좋은 에너지를 펼쳐보자.
**카**니발은 내가 준비하고 내가 주인공 하는 거야.
**타**악기를 신나게 두드리듯 리듬 있게
**파**라솔 펼치는 해변의 멋진 풍경을
**하**루하루 새롭게 그려보자!

### ♫ 신나는 뱃놀이 (추219) ♫

인생의 길을 즐겁게 노 저어 가자 신나게 노래 부르며

순풍에 돛을 달고 새롭게 새롭게 나아가자

### ♬ 보랏빛 향기 (추302) ♬

오묘한 보랏빛 향기 속으로 찾아들면

고요한 밤하늘의 빛나는 별들이 찾아온다.

## 아름다운 인생

**가**로수 길엔 짙은 여름이 가득하고
**나** 홀로 상념에 빠져드는데
**다**정한 손길에 소곤소곤
**라**벤더 향기로 연주하니
**마**음결에 팽팽한 긴장 선이
**바**람결에 눈 녹듯이
**사**르르 사르르 풀어지네.
**아**모르 아모르
**자**고 나면 맑은 아침 오듯
**차**일을 걷어내는 풍경은 시원하게 펼쳐지네.
**카**펜터스의 Yesterday once more는 물결 되어 흐르고
**타**일은 유리알처럼 반짝이고
**파**동을 일으킨 그 바람은
**하**늘 끝까지 마음 환하게 열리네.

## 어영차 길 따라

**가**난한 마음에 풍성하고 조용한 주변이 내게 힘을 주고 있지. 감사하지~~

**나**름대로 인생을 즐긴다는 긍정적인 나. 좋지~~

**다**른 것도 틀린 것도 웃으며, 여유롭게 살고 있다고 생각하고 있어. 좋아~~

**라**귀 따라 걷는 상상에 즐겁고 신나고 희망 있는 꿈의 세상이다. 라라라~~~

**마**음속은 예쁜 정원을 유지하는 것처럼 잘 견디고 있구마. 열심히 산다는 거니?

**바**람 따라 흐르는 감정들이 살랑살랑 춤을 춘다.

**사**랑하는 사람들이 여기저기에 있어 잘 되기를 감사! 감사! 정~~말 좋겠다~~

**아**름다운 시절이라고 아름다운 사람이라고 내게 속삭이는 자연의 무한한 은혜. 너도 그렇게 생각하지~~

**자**고 나면 또 신기한 세상에 사뿐히 발길을 수놓는단다. 정말 이 세상은 신비해~~

**차**고 넘치는 달달함과 때론 쓰디쓴 약처럼 세상이, 내가 그렇게 서로 그림을 그릴지라도…
　세상이 단쓰단쓰가 아니고, 내가 단쓰단쓰겠지….

**카**페 창 너머 투명한 세상 비 내리는 오후의 향기 속에 나도 한 모금 스며든다.
　참 따뜻하구나~~

**타**고 또 다시 아름다운 불꽃으로 이 세상을 밝히는 초처럼…
　나를 다 잘 쓰고, 이 세상을 예쁘고 살고 싶다~~

**파**란 하늘 붉은 대지에 나 행복하노라~~ 오늘도 새기며…

**하**하하~~~ 오늘도 웃음 띤 신발을 신고 길을 어영차 나선다. 하하하~~~

♬ **대나무 숲의 아침 (추226)** ♬

사르락 사르락

곱게 뻗어

마음 열듯 속을 내어주고

잔잔한 물결 이듯

은은한 고요를 무친다.

### ♬ 봄을 그리다 (추43) ♬
봄을 그리면 다양한 꽃이 피고 봄을 그리면 나무는 초록옷을 입고
온 세상이 밝고 화려한 설렘으로 가득 찬다.

## 여기 어때?

**가**고 싶은 곳 머무르고 싶은 곳은 어디?
**나**라 안팎을 찾아보면
**다**양하고 꿈같고 이색적인 곳들이
**라**일라라~~ 어깨춤을 들썩이며
**마**음의 파도처럼 일렁인다.
**바**다 땅 하늘 위아래
**사**방에 파노라마처럼 펼쳐져 있다.
**아**름다운 곳이 가고 싶은 곳일까?
**자**연이 빚은 신비로운 곳일까?
**차**이 나는 문화와 문명의 거리일까?
**카**퍼레이드가 펼쳐지고
**타**오르는 열정의 노래와 춤이 있는 축제의 장일까?
**파**라다이스처럼 느껴지는 곳은…?
**하**하하, 날마다는 모르겠고 내 마음이 미소 짓는 여기야! 여기 어때?

## 파 송송 계란 탁

**가**지볶음을 쫄깃하게 만들었어요.
**나**박김치도 설렁설렁 만들고요.
**다**대기를 넣은 얼큰 선짓국을 맛있게 먹고
**라**면사리를 넣은 부대찌개는 폭풍 흡입했죠.
**마**늘쫑 무침은 슴슴하게 만들고
**바**나나우유도 만들어 달콤 쭈~욱
**사**각사각 꿀사과는 아침에 아삭아삭 씹고요,
**아**보카도 명란비빔밥은 다음에 먹을게요.
**자**몽차는 따뜻하든 차갑든 언제든 좋아요.
**차**조밥은 듬성듬성 먹어보고요.
**카**모마일차는 깊은 숙면을 선물하네요.
**타**조알 요리는 언제 먹어볼까?
**파** 송송 계란 탁 라면이 최고야!
**하**하하 하하하 신나는 음식 여행이야!

### ♬ 환상의 연결고리 (추12-2-1) ♬

환상의 연결고리는

아무런 꾸밈이 없어도

그렇게 최고가 되고

자연스러운 대화가 된다.

# Part 5.
## 예술과 언어의 세계

## 가나다로 시를 지어 보아요

**가**나다로 시를 지어 보아요!
**나**름대로 최선을 다하지만
**다** 잘되는 것은 아니죠.
**라**는 특히 외래어가 많아 머무는 시간이 좀 있어요!
**마**차나 커피도 마시면서 끝까지 달리게요.
**바**로 되기도 하고 늦게 되기도 하지만
**사**소한 시작이어도 끝은 창대하리니
**아**장아장 걸음마부터 달리기까지 다 될 거예요.
**자**연스럽게 먹고 자는 일상처럼요.
**차**츰차츰 하다 보면 창작의 기쁨은 더할 나위 없죠.
**카**니발이나 소모임에서 게임처럼 해 봐요.
**타**고난 능력자이시고 한글 창제자인 세종대왕께서
**파**안대소하며
**하**늘처럼 웃고 있을 거예요.

♪ **가나다라 (추283)** ♪

가나다라 신이 난다
우리말들 좋을씨고
세종대왕 고마운 님
문화의 꽃 우리말들
곱게 곱게 지어보세

### ♬ 밤의 여로 (추301) ♬

어둠이 살짝살짝 노크한다.

이제 들어가도 되냐고 하면서 이미 한 발은 들여놓는다.

가만가만 이야기하듯 밤은 깊게 어느덧 가을 속에 들어와 있었다.

# 가로등 불빛이 창문을 두드렸어요

**가**로등 불빛이 창문을 두드렸어요.
**나**도 모르게 일어나 새벽의 길을 열었네요.
**다**양한 소리가 숨을 죽이는 고요한 이 시간에
**라**돈처럼 가볍게 흔들거리며
**마**음이 젊어진 김연우 단독 콘서트의 시간이
**바**람의 향기처럼 떠오르네요.
**사**람들이 나이가 들면 누구나 늙고 낡아지는 게 아닌가 보네요.
**아**름드리 거대한 거목으로 우뚝 선 나무처럼
**자**신 있고 당당한 젊음의 목소리로
**차**가운 사람들 사이를 따뜻하게 비춰준 불빛처럼
**카**메라에 비치는 모습이 참으로 아름다웠어요!
**타**는 불꽃의 꾸준함처럼
**파**란 젊음의 목소리가 아직도 가슴에 메아리 되어 울리네요.
**하**루 한 시간이라도 꾸준히 그 아름다운 시간처럼 만들어봐야겠어요.

## 가브리엘 오보에를 들으며

**가**브리엘 오보에를 들으며
**나**도 모르게 평안해졌네요.
**다**양한 음악은
『**라**디오 스타』에서 주는 즐거움과
**마**음에 무한한 감동과 여운을 주죠.
**바**라보는 시선 끝에
**사**라지는 세월이 수채화처럼 담기고
**아**름다운 음악을 느낄 수 있는 이 시간이 고마워요.
**자**녀든 본인이든 타인이든 수능 보는 날
**차**분히 잘하기를 바라면서
**카**리브해는 아니어도 와온해변의
**타**고 또 오는 태양길을 따라
**파**도 위에 수놓인 경치를 느끼며
**하**냥 하냥 오보에 음악에 깊이 취해봅니다.

♬ 한스 짐머를 생각하며 (추217) ♬

캐리비안의 해적의 엔딩음악으로 가슴 두근거리며 만나서

아들이 좋아하는 브금에도 그대가 있었네.

라이온 킹, 듄, 셜록 홈스, 글래디에이터…

행복을 하늘만큼 준 고마운 이여.

### ♬ 꽃들에게 환희를 느끼다 (추245) ♬

너를 보면

눈이 아름다워지고

너를 느끼면

마음이 환희에 떨린다.

## 가지 많은 나무에 아름다운 꽃이 피네

**가**지 많은 나무에 아름다운 꽃이 피네.
**나**무든 사람이든 많아야
**다**양한 삶과 풍요로움이 약속된다네.
**라**젠카를 마시며
**마**음의 여유를 즐길 수 있는 것도
**바**라보며 부대끼며 함께 살아가기 때문일 거야.
**사**람이 많고, 나무에 가지 많아야
**아**름다운 문화도, 꽃이 피어난다네.
**자**연스럽게 감사하며 살아간다네.
**차**고 넘친 시냇물이 강이 되고
**카**스처럼 부드럽게 폭포가 바다로 흐른다네.
**타**닥타닥 콩닥콩닥 살벌하면서도 달콤한 삶 속에서
**파**란 하늘 아래
**하**얗게 부서지는 햇빛을 담아 가지 많은 수양버들, 아름답게 춤추네.

## 따뜻한 달빛 소리

**가**을 잎 떨어뜨리며 겨울을 맞이하는 지혜의 옷자락,
**나**이야 가라, 도전하는 젊음의 행진이 우렁차게 퍼져가네.
**다**독다독, 아기 재우는 엄마의 따뜻한 달빛 소리,
**라**일랄라, 흥얼거리며 춤추는 노래 가락, 통통거리며 춤을 춰.
**마**을엔 잔치하는 달그락달그락, 흥겨움이 울려 퍼지고,
**바**지락 여울지듯 뽀드득, 식탁 위로 올라가는 소리.
**사**랑하는 연인의 눈빛 주고받은 고요한 손길,
**아**이의 허공을 가르는 까르륵 까르륵, 신나는 웃음소리,
**자**연이 꿈틀대는 생명의 숨결, 고요한 영혼의 교향곡.
**차**가운 물줄기의 속삭임, 영혼을 어루만지는 소리,
**카**악카악, 허공을 가르며 좋은 소식 전하는 새들의 노랫소리.
**타**이레놀, 목 넘기며 건강을 챙기는 소리,
**파**릇한 새싹이 가을을 품고 찾아와, 영원한 젊음을 이야기해.
**하**루하루, 이리저리 잘 굴러가는 해돋이, 달돋이 소리,
　모두가 함께 나누는, 아름다운 소리들.

♬ 금빛 군무 (추149) ♬

같이 마음 합하여 같은 모습으로 화합하듯 움직이면
거대한 물결처럼 장엄한 모습으로 감탄의 입모양을 그리게 한다.

### ♬ 내 멋대로 여행 (추96) ♬
내 멋대로 여행, 때론 일탈하고 싶다. 그것이 본업인 양.

## 마음의 풍차

**가**까이, 좀 더 가까이 다가와요.
**나**에게 맞고, 내가 사랑하는 것들 속에서
**다**채로운 사람들과 사물을 만나봐요.
**라**디오를 발명한 니콜라 테슬라처럼
**마**주르카 선율이 신나게 울려 퍼지고,
**바**이올린이 아름다운 소리를 그려내요.
**사**람들과 사람들의 조화 속에서
**아**름다운 예술과 여유가 펼쳐지고,
**자**유와 희망의 노래가 들려오죠.
**차**고 넘치는 감동이
**카**메라를 통해 유튜브로 쉽게 다가오고,
**타**악기든 현악기든,
**파**고드는 열정으로 마음을 채워가요.
**하**나둘, 손발을 움직이며 마음의 풍차를 타고 날아봐요.

## 안녕! 자랑스런 한글

**가**장 자랑스런 한글! 세계 유일한 문자 경축일,
**나** 혼자만의 기쁨이 아닐 거야.
**다**양한 곳에서 한글과 더불어 살고, 배우고, 사랑하니
**라**니탈 춤추듯, 버드나무 가지가 낭창낭창, 물결 위로 살랑살랑 퍼져 가네.
**마**음속 분홍꽃이 살며시 피어나고
**바**로! 예쁘게! 빠르게! 전하고 싶은 말을 가득 담을 수 있어.
**사**이좋게 어우러지는 예술도, 과학도, 놀이처럼!
**아**름답게 아로새겨지는 어여쁜 한글이여.
**자**애로운 세종대왕께서
**차**분히 빚어낸 훈민정음, 벅찬 감동으로 스며드는 한글과 함께 오늘도 기분 좋은 날.
**카**랑카랑, 소곤소곤
**타**닥타닥, 발밤발밤
**파**르스름, 울긋불긋
**하**냥 하냥, 여기저기 한글꽃 웃음으로 피어나네.

### ♬ 한글 나무 달리기 (추20) ♬

우아하고 커다란 나무 되어
한글이 주렁주렁 아름답게
너도 나도 멋진 폼으로
하나 같이 고운 선율로
꽃잔치 물결 되어 달리기 하네.

### ♬ 불후의 명곡 (추36) ♬

명곡에 포근한 숨결을 얹어 부르면, 오래된 기억이 사뿐히 다가와 미소 짓게 한다.

그 순간, 마음에는 살랑이는 봄바람처럼 따스한 떨림이 스며든다.

# 작은 노래

**가**시나무새의 작은 노래는
**나**를 이끄는 마음의 이정표
**다** 잊어도 잊을 수 없는 추억의 멜로디
**라**푼젤의 긴 머리처럼
**마**음의 강이 되어 흐르고
**바**스락거리는 소리에도 입꼬리를 올리며
**사**랑인지 모를 사랑을 노래한다.
**아**픈 가시에 찔려도 그 향기에 취해
**자**라나는 가시에 다시금 노래하고
**차**갑지 않은 나를 안고 부르는 노래
**카**나리아가 아닌, 나만의 노래
**타**인의 것이 아닌, 나를 깨우는 메아리
**파**란 하늘을 우러러
**하**나둘 발을 딛듯 노래하는 노래.

## 정다운 가요

**가**요는 나비처럼 춤을 추네.
**나**들이할 때도,
**다**소곳이 집 안에서 여유를 부릴 때도.
**라**디오에서 텔레비전에서 흔들흔들 다가와
**마**음에 꽃 자수를 곱게 놓고,
**바**다의 짙은 향수를 이야기하지.
**사**랑의 기쁨과 슬픔을 저울질하며,
**아**픔을 부드럽게 감싸 안아
**자**연이 치유하듯 생기를 펼쳐주네.
**차**분하게, 때로는 열정적으로
**카**세트테이프 늘어질 때까지 듣던 깊은 추억이
**타**는 목마름 없이 유튜브 속에서 다시 흐르고,
**파**릇파릇 새록새록,
**하**루 어느 순간이든 손을 내미네.

♬ **베토벤 바이러스 (추262)** ♬

베토벤 바이러스처럼 행복한 선율이 혈관을 타고 심장이 쿵쾅거려요

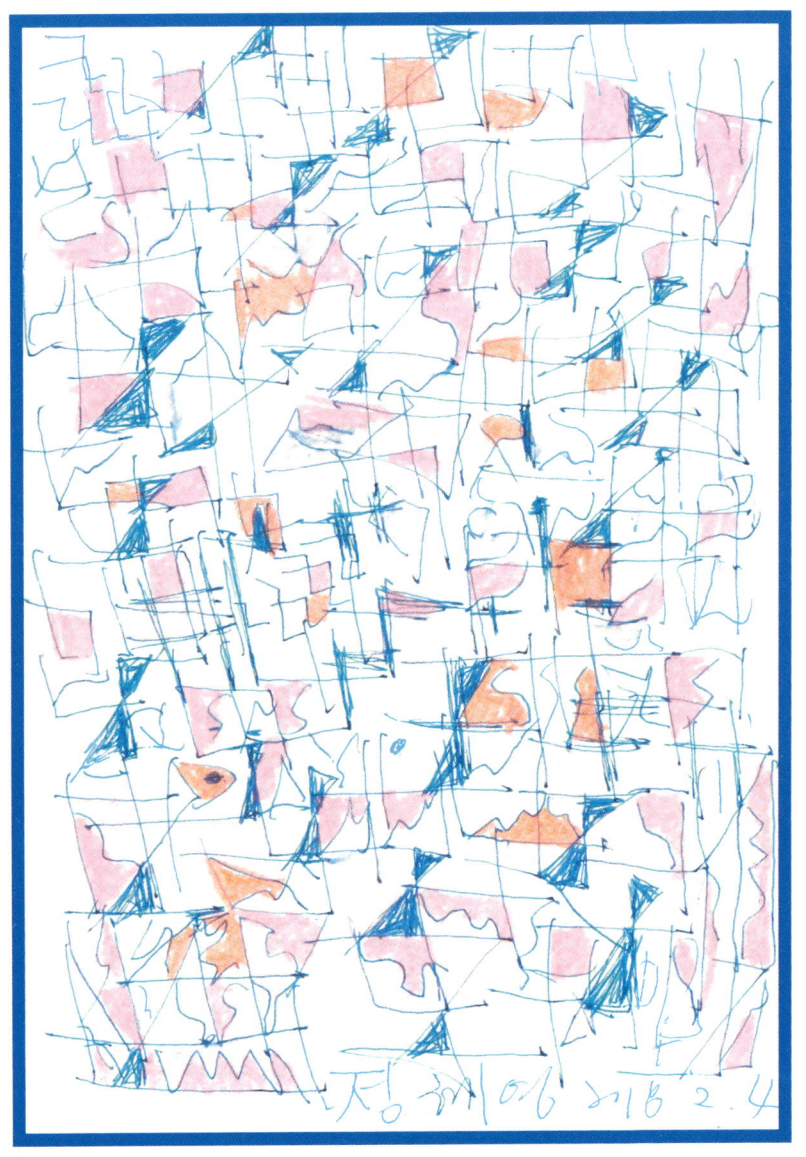

♫ **휘날리며 (추15)** ♫

바람이 휘날리고
사랑이 휘날리고
웃음이 휘날리고
꽃잎이 휘날리네.

# 흔들흔들

**가**끔은 흔들흔들,
**나**른해지고 힘들 때,
**다** 내려놓고 흔들흔들.
**라**틴댄스 음악에 맞춰 흔들흔들,
**마**음이 외로울 때도 흔들흔들.
**바**쁘다고 그대를 내팽개치지 말아요.
**사**랑도,
**아**름다움도,
**자**신을 돌보는 이곳에 머물러요.
**차**가운 거리에서도 흔들흔들,
**카**라멜을 달콤하게 먹을 때도 흔들흔들,
**타**조처럼 비트 있게 흔들흔들,
**파**랑새처럼 사뿐사뿐 흔들흔들.
**하**루하루 즐겁게, 가볍게 흔들흔들.

## 희망노래 가나다시

**가**나다시 하는 날, 신나는 날
**나**는 노래하고 너는 춤추고
**다** 같이 즐거운 장단을 맞춰 좋은 날
**라**일라라 노랫가락에 인생이 강물처럼 흐른다.
**마**음은 물결 되고 몸은 돛단배 되어
**바**람처럼 가볍고 흥겨운 날
**사**람들이 좋다. 웃는 그대가 더 좋다.
**아**침을 활짝 열고
**자**연스럽게 익어가는 열매처럼
**차**곡차곡 웃음이 쌓인다.
**카**르멘의 멋진 춤 같은 하루
**타**래 과자처럼 달콤한 날이야.
**파**랑새처럼 아름답게 노래해야지
**하**루 가나다시로 밝은 날이 열린다.

♬ 시원한 바다 (추97) ♬

바다 물결 은빛 출렁이고 갈매기 원을 그리며 나는
평온한 해안에 살랑살랑 마음 춤춘다.

### ♬ 외계인의 습격 (추51) ♬

나 외에는 다 외계인이다.

너와 내가 가까이 있을 때에는 또 다른 나를 본다.

# 흰(White)

**가**슴이 울고 눈비가 내리면
**나**라는 작은 존재가 파닥거린다.
**다**잡은 굳은 약속이 검은 욕심으로 흩어져 버릴 때
**라**젠카 기병은 어디에 있었는가?
**마**음을 흔드는 분노와 공포가 온 세상을 도배하면
**바**람결에 들불 일어나듯 젊은 우리가 분연히 일어난다.
**사**람답게 사는 그 삶이 풀지 못한 수수께끼인가?
**아**침부터 맨발로 눈길을 걷는 자유인가?
**자**연스럽게 물길 따라 흐르지 못한 바위인가?
**차**디찬 이기심의 거리에 뚝뚝 떨어지는 젊은 피로
**카**악카악 가슴 울리는 절실함이 끝없이 일어난다.
**타**닥타닥 장작더미 달집 태우듯 커다란 함성이 되었다.
**파**란 목숨 붉은 마음 빛나는 물결 되어
**하**얗게 하얗게 온 세상을 눈처럼 덮었다.

Part 6.
어제 그리고 내일의 노래

# VR과 AR

**가**상현실(VR)과 증강현실(AR)을 착각하지 말자.

**나**와 너 사이에는 증강현실에 놓여 있지.

**다**양한 VR과 AR이 있고

**라**마즈 명상의 연장선에 있을 거야.

**마**이너리티 리포트와

**바**로크에서 온라인 게임까지

**사**이버와 현실은 서로 영향을 주고받지.

**아**이에서 어른까지 물처럼 스며 있는 지금은

**자**아 축소가 아닌지

**차**분하게 생각할 시간이 필요해.

**카**드나 터치스크린, 키오스크를 쓰면서

**타**인처럼 낯선 세상이 내 몸처럼 느껴져.

**파**란 하늘 아래 땅에 서 있는 인간으로서

**하**망연 과학의 아름다운 향기를 잘 사용하고 있는 거니?

# 다정 다정

**가**르릉 가르릉, 너무 좋은 이 순간
**나**를 행복하게 하는 건 뭘까?
**다**정하고 포근한 손길,
**라**젠카 영혼 기병처럼 달려가는 용감한 젊음의 소리.
**마**음을 설레게 하는 그대의 노래,
**바**람결에 스며든 향기로운 가을 길.
**사**랑스런 솜사탕 같은 눈빛,
**아**름다움으로 유혹하는 귀여운 몸짓.
**자**연스레 가까워지는 것이 좋은 계절,
**차**갑고 외로운 날 다가오는 온기.
**카**레처럼 따스하게 스며드는 황홀함,
**타**악기 울리듯 경쾌한 웃음소리.
**파**란 하늘 높이 걸린 구름을 타고,
**하**루하루 즐겁게 함께 놀아볼까요?

### ♬ 다람쥐와 겨울 (추306) ♬

다람쥐는 겨울이 되면 찾지 못해 남은 도토리로 세상에 싹과 양식을 내어준다.

사람도 나이가 들면 가졌던 욕심을 내려놓고 여기저기 선한 영향력을 끼치는가?

### ♬ 영화 (추73) ♬

영화는 필름이 얽히고설키는

신나는 과정이 꼬이고 즐기는

그럴싸한 가상인 듯 실제인 세계.

## 맨발의 청춘

**가**는 여정에 자연과 벗하니

**나**락꽃처럼 수많은 기쁨이 번지는걸.

**다**른 많은 사람이 지나간 빈자리

**라**운지 가득 꽃잎 풀잎 나뭇잎 드리우고

**마**음의 무지개를 일으키는

**바**람결은 즐거운 노래인걸.

**사**랑하는 연인 같은 자연에

**아**름드리 은하수 펼치니

**자**꾸자꾸 오묘한 세계인걸.

**차**마고도 인생길에

**카**나리아 노래 부르듯

**타**악기 신나게 두드리듯

**파**도와 모래 사랑에 맨발의 청춘인걸.

**하**냥 하냥 오늘도 살아 있음에 정말 고마운걸.

## 바람 불고 비가 와도

**가**끔 아니 요즈음 금목서 향기에 온몸이 너울너울
**나**른한 듯 소곤거리는 향기에 흔들흔들
**다**가서듯 가까운 듯 멀리서 들리듯 안 들리듯
**라**임 오렌지 나무에 바람 따라 리듬 타듯이
**마**음에 꽃물결 사랑옵다.
**바**람 불어 저 멀리에도 그 향기에 미소 띠듯
**사**랑으로 내 마음의 향기를 피우고 싶다.
**아**름답고 어여쁜 향기로
**자**연의 꽃과 나무처럼 나도 그들 곁에 머물고 싶다.
**차**가운 대지에서 나를 부르기 전에
**카**나리아처럼 고운 목소리로
**타**오르는 열정의 향기로
**파**릇파릇 솟아나는 희망을
**하**루하루 꽃처럼 나무처럼 향기로워지고 싶다.

### ♬ 풀꽃의 유희 (추220-2-1) ♬

그 어느 때부터 멈춤이 사라지고 끝없이 퍼지고 오르내리는
처절한 생존의 부지런 속에도 긍정의 미소를 띠운다.

### ♬ 외계인 (추284) ♬

우리의 상상을 넘어서는 것이 있었나?

늘 상상 이상이라고 해 보아도 우리들의 상상을 벗어나지 못한다.

또 다른 우주를 찾아 또 다른 우리들은 만날까?

## 백학

**가**슴이 터져 나오는 분노 속에서, 슬픔으로 밤이 흐느껴 운다.
**나**를 길러준 피 맺힌 영혼들이 그날의 함성 되어 날아온다.
**다** 잊는다 해도, 생생하게 중계된 황망한 총구와 군화 소리를 어찌 잊겠는가.
**라**라라, 웃는다 해도 영화 같던 비현실의 그날은 여전히 현실 속에 진행 중이다.
**마**음을 다해 막아낸 국민의 지혜와 단결,
**바**람처럼 철없다던 젊은 미래가 선봉장이 되어 위대한 역사가 되었다.
**사**람들은 왜 이다지도 잔인한가, 그러면서도 어찌 이토록 이타적인가.
**아**무도 끊을 수 없는 사람들의 마음을 좌우의 대립으로, 세대의 싸움으로,
   남과 여의 경계로 갈라놓은 자, 그는 누구인가.
**자**기만이 옳다고 외치는 세상에서 화해의 손을 내밀면
   불의와 거짓이 다시금 짓밟아 버리는 되풀이된 역사.
**차**디찬 흙 속에서 눈감지 못한 젊은 영혼의 피 맺힌 희생이 오늘도 부끄럽다.
**카**악카악, 무도한 불의와 부정을 무너뜨릴 힘을 주소서.
**타**박타박, 지친 걸음에 손 내밀어 주소서.
**파**란 하늘에 부끄럽지 않은 길을 이끌어 주소서.
**하**루의 평범한 일상 속 "뭐 먹을까?" 하는 행복한 고민과 따뜻한 꿀잠을 되찾을 수 있도록.

## 부끄러운 광복절

**가**난보다 무서운 건
**나**라 없는 서러움이었던 독립선열들
**다** 내어주고 피로 얻은 지금의 대한민국
**라**라라 즐거운 이날에 부끄러움이 일렁인다.
**마**음의 분노를 일으키게 하는 밀정들이
**바**른 척 당당하게 태극기를 흔들고
**사**상의 자유라고 선을 넘어선 개뼈다귀가
**아**름다운 선열을 기리는 꼭대기에 앉았다.
**자**기 위주의 공정과 상식의 판을 깔고
**차**갑고 비열한 거리를 만들어 활보한다.
**카**니발처럼 축제의 광복에 생뚱한 통일을 말하여
**타**버린 불난 집에 사쿠라가 웃는다.
**파**란 하늘처럼 고귀한 선열에
**하**염없이 부끄러워 몸서리친다.

### ♬ 가면의 세계 (추282) ♬

웃는 얼굴에 경계가 사라지고 가벼운 터치가 시작된다.

너와 나의 숨김의 순기능과 나와 나의 보이지 않는 부정의 말들이

차단되는 듯 보이는 가면의 세계에 차츰 차츰 물들어 간다.

♬ 공작새 (추318) ♬

꿈을 훨찍 펴라! 너의 우아한 날갯짓에 탄성은 하늘을 향하고,
시선은 흔들거리는 날개깃에 어린아이 같은 마음으로 달려간다.

## 빼앗긴 들에도 따스한 봄은 온다!

**가**슴 깊이 스며든 분노와 불안,
**나**락으로 떨어진 마음이 아직도 떨고 있는데,
**다**시 찾아온 어둠이 희망을 덮어버린다.
**라**푼젤의 긴 머리처럼
**마**음속 기다림은 끝없이 자라나고,
**바**람결에 흐려진 거울은
**사**라진 시간들을 깊이 새긴다. 사무치는 슬픔 속에서도
**아**련한 웃음소리는 메아리로 퍼져가고,
**자**연이 부르는 길 앞에서
**차**마 "안녕"이라는 말도 하지 못한다.
**카**니발의 불빛은 바래지고,
**타**오르던 희망은 작은 깃발처럼 나부끼지만,
**파**란 들판 속에서 우리는 다시 일어날 것이다.
**하**늘을 향해 돋아나는 새싹처럼, 거친 비바람 속에서도 우리는 살아남으리.
    너울진 시련을 딛고, 다시 한번 뜨겁게 봄을 이루어 내리라.

## 사라진 케이크

**가**버린 지난날들 속에서
**나**를 괴롭힌 기억들은 여전히 남아
**다**정하고 따뜻한 날들을 어지럽히네.
**라**마즈 호흡으로 생명의 경이를 맞이해도
**마**음 깊은 곳에 갇힌 상처는
**바**람도 햇빛도 닿지 못한 채 고름처럼 스며들어 가네.
**사**람에게 가장 위험하고도 소중한 혀가 빛과 어둠 속에 전시된 채
**아**름다운 가게의 창 너머로 흔들리네.
**자**애로운 시간의 법칙마저 사라진 지금,
**차**가운 얼음을 녹일 미안하다는 한마디조차 들려오지 않네.
**카**오스에서 코스모스로 향하는 길,
**타**닥타닥, 햇빛을 향해 걷는 험난한 여정.
**파**란 하늘 아래, 사라진 케이크는 어디에 있는가?
**하**이에나의 더러운 입술 위에 남겨졌는가?

### ♬ 새 없는 새장 (추285) ♬

새 없는 새장이 있다. 새는 없어도 새장에 사람이 들어 있는 경우가 있다.

갇혀 있지도 않았는데 날개를 접는 새처럼 새장에는 고개 숙인 사람이 있다.

나도 모르게 새장 속에 들어 있는지 모른다.

♬ 코로나19 (추202) ♬

우리에서 시작되고 우리에서 끝나겠지. 인류의 공포로 만남이 달라지고

인간 스스로 무덤을 판다. 그래도 햇빛 찬란함이 있어라!

## 잃어버린 사과

**가**시가 솟아나고
**나**를 부끄럽게 하는 그 일이
**다**리를 건너고 강물 되어 흐를 때
**라**푼젤의 긴 머리 헝클어지듯
**마**음에는 커다란 돌덩이가 굴러다닌다.
**바**른 시간에 빠르게 그 사람에게 고개 숙여
**사**과합니다. 진정한 사과를 줘야 하는데
**아**차 하며 하루 이틀 세월은 지나고
**자**그마한 변명이 커다란 눈덩이가 되었다.
**차**이 나는 특별한 사과가 있나?
**카**칵 가래침 뱉으며 개사과, 발사과는 아니지!
**타**인은 선무당 칼날에 만신창이 되어 있는데
**파**스라도 붙여 주는 따스한 손길은 잊었나?
**하**루이틀 잃어버린 사과만 갈 길 몰라 헤맨다.

## 차이 나는 레디 플레이어 원

**가**끔은 즐거운 상상을 해봐요.
**나**른해지고 잠이 올 때 상상의 날개를 펼쳐봐요.
**다**윗처럼 용감한 사람이 되고
**라**틴 음악에 젖어 멋진 춤사위를 자랑하는 사람도 되고
**마**도로스처럼 바다를 멋지게 항해하죠.
**바**이올린이나 피아노를 신들린듯 연주하고
**사**이다처럼 시원한 유머도 샘솟듯 솟아나고
**아**름다운 노래로 영혼을 맑게 해주고
**자**스민 공주처럼 인생을 잘 헤쳐 나가죠.
**차**이 나는 대궐 같은 멋진 집에 살고
**카**타리나와 김연아처럼 유연하게 아름답게 하고
**타**잔처럼 동물과 잘 어울려 살죠.
**파**도를 베개 삼아 세계 일주하는 것도 일상처럼.
**하**하하 즐거운 상상에 하루가 웃음 가득한 놀이터가 되었네요.

♬ 수의 세계 (추37) ♬

수의 세계는 보이지 않는 곳에서 은밀하게 위대하게 다가온다.

♬ 대나무 길 (추63) ♬

대나무가 우거진 숲길에는
아늑한 엄마의 품처럼
오래된 친구의 고요한 입김처럼
조용한 미소를 내어놓는다.

## 찬란한 나의 길

**가**는 세월은 가고,
**나**에게는 새롭게 피어나는 내일이 있어요.
**다**정한 꿈을 안고,
**라**일락 향기처럼 희망을 퍼뜨려요.
**마**지막처럼, 태양처럼 뜨겁게 열정을 태워 보아요.
**바**라던 소망은 사랑 속에서,
**사**랑과 열정과 건강 속에서 꽃피겠죠.
**아**침에서 밤까지, 자신을 다독이며 한 걸음 더 나아가요.
**자**꾸만 미루지 말고,
**차**근차근 오늘을 빛내요.
**카**나리아처럼 맑고 아름다운 소리를 내고,
**타**오르는 꿈을 향해 힘차게 날아가요.
**파**도치는 바다도 스스로를 돌보듯이,
**하**루하루 향기롭게, 아름답게 살아가요.

## 추억 속의 그대

**가**버린 추억 속에 머물고 있나요? 그대,
**나**니아 연대기의 동화 속에
**다**소곳이 놓여 있나요?
**라**푼젤처럼
**마**음의 자유를 찾아 모험을 신나게 하고 있나요?
**바**스락거리는 낙엽은
**사**라지듯이 새싹으로 돌아오는 길에 있는데
**아**스라이 멀어져 가는 시간을 붙들고 있나요?
**자**욱한 안개처럼 사라진 지난날을 통해
**차**분히 지금에 중심을 둬봐요!
**카**드마다 추억이 수북이 쌓이면
**타**지마할 궁이 무심해질 때면
**파**란 새벽 별을 그리듯이
**하**얀 머리가 눈꽃처럼 잠길 때 잠긴 추억을 조금씩 그려봐요.

### ♬ 바닷가 (추213) ♬

바닷가에는 지난 추억이 밀려온다.

소라 속에 노래가 들리고 모래 속에서 즐거움이 간지럽힌다.

### ♬ 직선의 세상 (추194) ♬

활기찬 세상을 돌아보면

솟아오르는 직선의 세상이 가슴을 환하게 열어준다.

## 카세트테이프 속 멜로디

**가**여운 날갯짓은 잠시 접어두렴.
**나**를 깊이 들여다본 적 있니?
**다** 알 수는 없겠지만
**라**일락꽃처럼 너도 아름다운 향기를 품고 있어.
**마**도로스여!
**바**다가 부르는 소리를 들어보렴.
**사**랑하는 이가 기다리고 있을지도 몰라.
**아**이들아,
**자**장가처럼 흐르는 저 선율에 귀 기울여 보렴.
**차**가운 마음은 이제 비워두자.
**카**세트테이프 속 멜로디가 살아나고
**타**일 위엔 그리운 얼굴들이 떠올라
**파**르르 떨리는 사랑이 그려지는데
**하**염없이 내리는 비처럼, 아름다움이 세상을 적시고 있구나.

## 파란 나들이

**가**슴이 탁 열리며,
**나**른 눈망울에 햇살이 스며들고,
**다**독다독, 차가운 바람 속에서 땀방울이 서서히 지워진다.
**라**라랜드의 춤추는 바람의 향기처럼
**마**음은 자유를 찾아 춤추고,
**바**람은 내 속에 흐르는 강물처럼 가볍고,
**사**이다처럼 시원하게, 쪽빛 하늘로 나아간다.
**아**스라이 수평선 너머로 푸르름이 펼쳐지고,
**자**유를 향해 날개를 펼쳐, 끝없이 날아보자.
**차**가운 듯, 그러나 온화한 순청빛이 나를 감싸며,
**카**레이서의 질주처럼 빠르게, 열정이 흐른다.
**타**일 위의 흔적들까지 푸르른 꿈처럼 새겨지고,
**파**란 바다와 하늘이 모두 하나 되어,
**하**루하루 더위를 이겨내며, 새롭게 빛난다.

♬ 선 (추78) ♬

선을 그리다 보면 점에서 면으로 가는 중간에서
마음의 길이 열리고 마음 따라 흘러간다.

### ♬ 파도 (추35) ♬

파도는 갈매기도 찾아오고 배도 밀고 당겨주는

부지런한 속삭임이다.

## 파란꿈

**가**랑가랑 가랑비여
**나**랑너랑 사랑인걸.
**다**도해여 멋있구나.
**라**라라라 룰루랄라
**마**도로스 생각난다.
**바**람 불어 아~ 좋은 날
**사**랑한걸, 너랑나랑.
**아**롱다롱 무지개야
**자**주자주 보자꾸나.
**차**일피일 언제 오니?
**카**오스여! 창조자여!
**타**오르는 열정이여
**파**란꿈을 노래하자.
**하**하하하 호호호호!

## 프라하의 첫날밤

**가**만가만 다가온 체코의 하늘과 들판,
**나**지막하게 장중하게 물결이 일렁인다.
**다**정하게 동행한 일행들과
**라**사모* 즐겁게 같이한 오랜 친구처럼,
**마**음 손잡고 어여쁨이 가득해진다.
**바**람과 구름을 가득 안고 사는 슬라브인들,
**사**는 것은 도전과 응전이라는 말처럼
**아**름다운 전통이 살아 숨 쉰다.
**자**연스럽게 적응하며,
**차**가울 정도로 유료화된 물과 화장실에 살 떨리고,
**카**스와 다른 꿀맛 나는 슬라브 맥주에 빠져본다.
**타**들어 가는 밤기운에 웃음꽃을 피워내며,
**파**괴 없는 게으른 건물에 부러움을 가득 안고,
**하**루의 긴 여정을 누워본다.

---

\* 라사모: 라일락 향기를 좋아하는 사람들의 모임

### ♬ 새싹의 게으름 (추81) ♬

누가 씨앗에게 게으르다고 할 것인가?

때가 되면 때를 알고 찾아오고 떠나는 그 숭고함을 그대는 아는가?

♬ 파도 위의 꽃 (추281) ♬

열정을 품어내는 파도는 잔잔한 듯 무한한 에너지를 안고 산다.

나무 위의 꽃처럼 파도 위의 새들이 태양꽃처럼 날개를 펼친다.

## 하늘이 처음 열리고

**가**장 경건한 역사의 시작 개천절
**나**부끼는 태극기를 바라보며
**다**사다난한 역사의 산과 강을 돌아본다.
**라**마족처럼 젊고 강한 아름다운 강산에
**마**음길의 절망을 이겨낸 아리랑이 녹아들고
**바**른길 큰길 널리 인간을 사랑하라는 가르침은
**사**라진 듯 피어난 듯
**아**스라이 흐르고 또 장대하게 흘러갈 터전.
**자**축의 축포를 하늘 높이 울리자.
**차**분하게 열렬하게 우리 기쁜 날이여!
**카**타르시스 하듯 영혼들이여!
**타**는 듯한 열정이 열리는 날이라.
**파**란 마음에 홍익인간 이화세계로,
**하**늘이 처음 열리고.